POLYGLOTT on tour

Mauritius
Réunion

Die Autorin
Anja Bech

lebte fünf Jahre auf La Réunion
sowie zwei Jahre in Südafrika und
bereiste von dort die Inseln des
Indischen Ozeans, die sie bis heute
begeistern. Seit 15 Jahren verfasst
sie Reiseführer und andere Texte
über Mauritius, La Réunion, die
Seychellen und die Malediven.
Nicht nur wegen ihrer Arbeit kehrt
sie alljährlich dorthin zurück, inzwischen oft zusammen mit ihren
Kindern, mit denen sie die Faszina-
tion dieser Inselwelt neu erlebt.

Reiseplanung

Land und Leute

Unterwegs auf Mauritius, Rodrigues und La Réunion

Mauritius: Der Norden und Osten 64

Lebhafte Urlaubsorte nahe der Inselhauptstadt Port Louis sowie
abgelegene Traumstrände im Osten bieten reichlich Abwechslung.

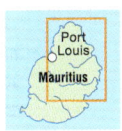

Karten

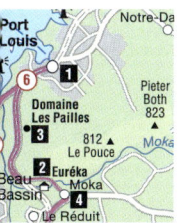

Reiseplanung

Die Reiseregionen im Überblick][Die schönsten Touren][Touren in der Region][Klima und Reisezeit][Anreise][Reisen in der Region][Sport und Aktivitäten][Unterkunft

Die Reiseregionen im Überblick

Mauritius, Rodrigues, La Réunion – mit diesen Namen verbinden sich Exotik, Palmen, blütenweiße Strände, blaues Meer, faszinierende Berglandschaften und Abenteuer. Die drei Inseln im Indischen Ozean, dem wärmsten der Weltmeere, erfüllen mit ihren herrlichen Küstenabschnitten, den türkisfarbenen Lagunen, einer schroffen Bergwelt und dem ganzjährig warmen Klima die Urlaubsträume unterkühlter Nord- und Mitteleuropäer. Alle drei Inseln wurden aus Feuer geboren und von den Wellen geschliffen – über die Jahrhunderte haben sich die rauen Eilande besänftigt und sind ihren eigenen Weg gegangen. Benannt wurde die Inselgruppe der Maskarenen nach dem portugiesischen Seefahrer Pedro de Mascarenhas, der 1505 die Insel Bourbon (das heutige La Réunion) entdeckte. 1511 wurde Mauritius entdeckt; der portugiesische Kapitän Diego Rodriguez gab Rodrigues 1528 seinen Namen. Alle drei Inseln gelten als Gipfelmassive einer unter der Meeresoberfläche liegenden Vulkankette. Die Tätigkeit der Feuer speienden Berge erlosch vor rund 1 Mio. Jahren – allein auf Réunion ist noch ein Vulkan aktiv, auf Mauritius ragen die Schlote ehemaliger Krater bizarr in den Himmel. Durch Erosion flachte die Landfläche kontinuierlich ab; um sie herum bildeten sich Korallenriffe, die heute Rodrigues vollkommen, Mauritius fast vollständig und Réunion im Westen schützend umgeben. Am Horizont schimmert das Riff wie eine Perlenkette, wenn sich dort vor dem Hintergrund des endlosen Ozeans die Wellen brechen; es beheimatet eine faszinierende Unterwasserwelt.

In kultureller Hinsicht lassen sich viele Ähnlichkeiten finden, da alle Inseln der Maskarenen durch jahrhundertelange französische, aber auch britische Einflüsse und durch das Völkergemisch aus Afrika, Asien und Europa geprägt wurden. Dennoch hat sich jede Insel ihre Besonderheiten bewahrt.

Mauritius – leuchtende Saris, tiefblaue Lagunen

Die Insel Mauritius bietet viel mehr als weiße Sandstrände und luxuriöse Hotelanlagen unter Palmen. Den Besucher erwarten freundliche Menschen aller Hautfarben, bunte Tempelanlagen, belebte Geschäftszentren mit tollen Einkaufsmöglichkeiten, eine kontrastreiche Landschaft, ruhige Fischerorte, interessante Gärten und Parks sowie weitläufige Zuckerrohrfelder, aus denen nur gelegentlich der Schornstein einer alten Zuckerraffinerie herausragt. Flache Ebenen im **Norden und**

Rundflug über Mauritius

Osten sowie markante Bergketten im **Süden und Westen** dominieren die Landschaft. Der steile, auf einer geschützten Halbinsel gelegene Morne Brabant bestimmt die Silhouette im Südwesten, er zählt zum UNESCO-Weltkulturerbe. Auf seinen flachen Gipfel flüchteten sich früher entlaufene Sklaven, denn schon immer war der Süden der unzugänglichste Teil der Insel. Reste der natürlichen Inselvegetation finden sich an der Rivière Noire, die das Plateau durchschneidet.

Im Norden lassen sich kleinere Sandbuchten erkunden, immer mit Blick auf die vorgelagerten Inseln Coin de Mire, Ile Plate, Ile Ronde und Ile aux Serpents am Horizont. An den Küsten im Westen und Osten reiht sich ein langer Sandstrand an den nächsten. Das Riff schützt die meisten Strände von Mauritius, es weist allerdings im Westen und Süden Lücken auf – dort brechen sich die Wellen ungeschützt an der Lavaküste und schaffen eine raue, wilde Küstenlandschaft. Immer neue exklusive und schöne Hotels entstehen an allen Küstenabschnitten. Von Bettenburgen kann allerdings keine Rede sein, denn Gebäude außerhalb der modernen Hauptstadt Port Louis dürfen eine Palme nicht überragen.

Auf Mauritius gibt es überall viel zu entdecken, sei es entlang der belebten Straßen oder in den verstreuten Ortschaften und Städten an der Küste und im Inselinneren. Hier beeindrucken prächtige Tempel und Kirchen, quirlige Metropolen voller Geschäfte, bunte, duftende Märkte, spannende Museen und Relikte der kreolischen Prunkarchitektur.

Rodrigues – einsam im Ozean

Abgeschieden und ruhig liegt die zur Republik Mauritius gehörende Insel Rodrigues mit ihrer kleinen Inselhauptstadt Port Mathurin 560 km nordöstlich der größeren Schwester im Ozean. Die kleinste und älteste der Vulkaninseln des Archipels wird bestimmt von kargen Hügeln, savannenartigen Landstrichen, fruchtbaren Weiden und sattgrünen Tälern. 55 km lang und 30 km breit, ragt sie aus einer großen, flachen Lagune empor, die in allen Blauschattierungen glitzert. Das die Lagune umgebende Korallenriff ist über 90 km lang, ihre Wasseroberfläche mit 104 km^2 fast ebenso groß wie die Landfläche der Insel (109 km^2). In der Inselmitte erhebt sich ein Zentralplateau mit bis zu 398 m hohen Bergen, zur Küste hin fällt das Land sanft auf bewaldeten Hängen ab. Tiefe Flusstäler haben sich in das Relief gegraben und es eröffnen sich immer wieder spektakuläre Panoramablicke aufs Meer. Die Menschen Rodrigues' sind meist afrikanischen Ursprungs; sie leben vom Fischfang, der Landwirtschaft und dem Tourismus. Ein paar Ortschaften liegen verstreut entlang der Küste und in den Hügeln, einsame Strände können auf Wanderwegen über Felder oder per Mountainbike erreicht werden. Zum Baden ist das Wasser in der riesigen Lagune meistens zu flach, an der Pointe Coton im Osten lässt es sich am besten schwimmen. Um die Hauptinsel verstreut liegen in der Lagune 17 Inselchen aus Sand und Korallen, auf denen Vogelkolonien nisten. Insbesondere Naturfreunde werden sich auf dem abgelegenen Eiland wohl fühlen.

La Réunion – wilde Natur und Vulkanausbrüche

La Réunion, das kleine Fleckchen Frankreich im Indischen Ozean, trägt nicht umsonst den Namen »Insel der tausend Gesichter«. Die kreolische Kultur ist hier allgegenwärtig, stark beeinflusst vom modernen Frankreich – der Lebensstandard liegt hier deutlich über demjenigen von Mauritius. So abwechslungsreich wie die multiethnische Bevölkerung, so vielfältig ist auch die einzigartige Landschaft. Das 3069 m hohe Massiv des Piton des Neiges überragt die Inselmitte und ist von tiefen Tälern und weiten Bergzügen umgeben. Wegen seiner landschaftlichen Schönheit wurden große Teile des Inselinneren im März 2007 zum neunten Nationalpark Frankreichs ernannt. Im Juli 2010 nahm die UNESCO die zerklüftete Berglandschaft von La Réunion in die Liste der Weltnaturerbestätten auf. So zieht Réunion Jahr für Jahr nicht nur Badeurlauber, sondern auch Wanderer, Mountainbiker, Gleitschirmflieger, Windsurfer und andere Abenteurer oder Anhänger von Extremsportarten an. Besucher der Insel finden eine atemberaubende

Vulkanlandschaft vor, deren Abhänge fast überall von tropischem Gewächs überwuchert sind. Sie kann zu Fuß, mit dem Wagen oder – per Helikopter oder Kleinflugzeug – auch aus der Luft erkundet werden. Das zerklüftete Inselinnere, die vielen fast unzugänglichen Täler und die karge Mondlandschaft rund um den aktiven Vulkan Piton de la Fournaise faszinieren die Besucher. Der **Norden** der Insel mit der Hauptstadt Saint-Denis und ihren Nachbarstädten ist Geschäfts-, Bildungs- und Verwaltungszentrum der Insel. An der **Ostküste** gedei-

Der Cirque de Cilaos mit dem Piton des Neiges

hen Früchte, Vanille und Gemüse in feuchttropischem Klima. Hingegen scheint an der **Westküste** fast immer die Sonne; hier finden sich neben Badestränden savannenartige Landstriche, die nur durch Bewässerung fruchtbar gemacht werden können. Der **Süden** ist ursprünglich und wenig bevölkert, bricht der Vulkan doch regelmäßig aus – so auch 2007, als die Lava über die Küstenstraße hinweg ins Meer floss und der kleinen Insel wieder einmal etwas Land hinzufügte. 2008, 2009 und 2010 gab es weitere Ausbrüche.

Von keinem Punkt Réunions ist es weit in die kühlen Berge, die unmittelbar von der Küste aus steil ansteigen. Hier im Inneren liegen die wahren Schätze der Insel verborgen: die drei Cirques, gewaltige Talkessel, die das Herz der Insel bilden und unendliche Wandermöglichkeiten bieten. Von den Graten der sie umschließenden steilen Bergwände eröffnen sich vor allem morgens, bevor Wolken und Nebel aufziehen, spektakuläre Blicke in die dünn besiedelte Inselmitte. Stichstraßen führen von der Küste hinein in diese Welt und hinauf zu den Aussichtspunkten, an denen meistens auch wunderschöne Wanderwege beginnen. Die Kraft und Gewalt der Natur ist auf La Réunion an jeder Ecke zu spüren.

Inseln der Schiffbrüche und Schätze

Scharfe Riffkanten, versteckte Passagen und unberechenbare Stürme haben dazu geführt, dass viele Segler im 17. Jh. nie einen schützenden Inselhafen erreichten. Schatzsucher halten noch heute auf dem tiefen Meeresboden jenseits der Korallenbarrieren Ausschau nach Gold und Edelsteinen. Unzählige Wracks bieten herrliche Tauchgründe.

Die schönsten Touren

Sonnenauf- und -untergänge, Baden und Kultur – rund um Mauritius

① **Grand Baie/Péreybère › Trou aux Biches › Port Louis › Tamarin › Le Morne › Riambel › Mahébourg › Domaine de l'Anse Jonchée › Trou d'Eau Douce › Ile aux Cerfs › Belle Mare Plage**

Dauer:
Die reine Fahrzeit beträgt 1 Tag; für die Erkundung der einzelnen Stationen sollte man jedoch mindestens 1 Woche veranschlagen.

Verkehrsmittel:
Für Tagesrundfahrten empfiehlt es sich, ein Taxi bzw. einen Wagen mit Fahrer zu mieten, da die Beschilderung oft spärlich und die Verkehrsverhältnisse gewöhnungsbedürftig sind. Selbstfahrer benötigen mehr Zeit und eine gute Inselkarte. Wer mit öffentlichen Bussen unterwegs ist, sollte wegen der häufigen Stopps und unvermeidlichen Wartezeiten mindestens 10 Tage einplanen. Zwischen Trou d'Eau Douce und Belle Mare Plage sowie auf der Stichstraße zum Strand des Morne Brabant verkehren keine öffentlichen Busse.

Die Strecke folgt zunächst der Küste in Richtung Süden und passiert bei Mon Choisy einen beliebten öffentlichen Strand. Bei **Trou aux Biches** › S. 75 führt die Straße an Strandhotels vorbei und gestattet nur gelegentlich einen Blick aufs Meer, bevor sie landeinwärts in Richtung **Port Louis** › S. 71 abbiegt. Die Inselhauptstadt verdient einen längeren Besuch; vor allem am Morgen herrscht buntes Treiben auf dem Wochenmarkt und in den umliegenden Straßen des Stadtzentrums. An der **Caudan Waterfront** › S. 72 kann man bummeln und mit Blick auf den Hafen einkehren. Die Route führt weiter nach Süden durch weite Zuckerrohrfelder, von denen man immer wieder Blicke auf die Küste erhascht, vorbei an Abzweigungen zu Küstenorten sowie zum **Casela Nature & Leisure Park** › S. 96, in dem neben anderen Tierarten auch Tausende Vögel zu bewundern sind. In der Ortschaft **Tamarin** › S. 93, an einer Flussmündung gelegen, trifft die Straße erneut auf die Küste. Wer mag, kann ein Bad in den Wellen nehmen, die hier durch einen Bruch in der Korallenbarriere aufs Land zurollen. Am südlichen Ende der Ortschaft fährt man an den letzten Salinen der Insel vorbei, in denen noch auf traditionelle Weise Meersalz gewonnen wird. In der Ferne erhebt sich schon auf einer Halbinsel die markante Silhouette des **Morne Brabant › S. 92. Kurz vor Erreichen seiner steilen Flanken führt eine Stichstraße zum Weststrand der Halbinsel mit einigen Luxushotels. Die Küstenstraße wird nun schmaler und weniger befahren. Sie windet sich an der oft noch naturbelassenen Küste entlang, vorbei an schwarzen Klippen, unbebauten Sandbuchten und durch kleine Fischerorte. Eine holprige Straße führt landeinwärts zu den beeindruckenden Wasserfällen *Rochester Falls › S. 88. Bei Riambel

Der Strand von Grand Baie

befinden sich ein paar Hotels, ansonsten gibt es hier mangels Badestränden kaum Unterkünfte. Zwischen Souillac und Mahébourg führen immer wieder kleine Stichstraßen von der Hauptstrecke zum Meer, z.B. nach **Le Souffleur**, wo die Wellen das Wasser durch einen schmalen Kanal pressen und hochspritzen lassen. Der beschilderte **Krokodilpark La Vanille › S. 92 lässt sich auf einem spannenden Rundgang erkunden und bietet Einblicke in die dichte Vegetation dieser Region, in der auch Vanillepflanzen gedeihen. **Mahébourg › S. 90 ist eine traditionelle kreolische Stadt mit bunten Läden, brummenden Bussen und einfachen Snackbars. Hinter dem Busbahnhof eröffnet sich ein wunderschöner Blick auf die blaue Lagune sowie die im Norden gelegenen Berge. Die gewundene Straße nach Norden folgt nun der felsigen Küste mit ihren vielen Flussmündungen und Mangrovenwäldchen; oft blickt man auf kleinere vorgelagerte Inseln, die allesamt unbewohnt sind. In einem Seitental versteckt sich **Kestrel Valley › S. 84, ein großes Privatgebiet, in dem Javahirsche, Mauritius-Turmfalken und Wildschweine in den weiten Primärwäldern leben. Der kleine Küstenort **Trou d'Eau Douce › S. 83 bietet keine großen Sehenswürdigkeiten, hier starten jedoch Bootsausflüge auf die **Ile aux Cerfs › S. 84, die für ihre herrlichen Strände und den Hotelgolfplatz bekannt ist. Nach Norden führt die Straße weiter zum **Bilderbuchstrand von Belle Mare › S. 82, an dem wunderschöne Hotelanlagen, zwei der besten Golfplätze der Insel und einige Einkehrmöglichkeiten liegen.

Zwei Wochen Mauritius und Rodrigues für Entdecker

② Mahébourg › Le Val › Cap Gris Gris › Le Morne Brabant › Tamarin › Flic en Flac › Port Louis › Mahébourg › Plaine Corail › Caverne Patate › Port Mathurin › Pointe Coton › Anse Mourouk

Dauer:
Mauritius: ca. 9 Tage; **Rodrigues:** ca. 5 Tage.

Verkehrsmittel:
Für die Fahrten auf Mauritius empfiehlt es sich, ein Taxi bzw. einen Wagen mit Fahrer zu mieten, da die Strecke durch kleine Orte führt und Beschilderungen weitgehend fehlen. Selbstfahrer benötigen eine gute Inselkarte. Diese Rundreise ist mit öffentlichen Verkehrsmitteln nicht möglich. Die Flüge (ca. 90 Min.) zwischen den Inseln müssen rechtzeitig im Voraus gebucht werden, da die Kapazitäten begrenzt sind. Für Abenteuerlustige bietet sich auch ein Schiffstransfer an (28–30 Std. einfache Fahrt).

Die Kombination der zwei mauritischen Inseln zeigt deren Vielseitigkeit auf. Auf Mauritius wird vor allem der Süden erkundet, in dem noch einige der ursprünglichen Wälder beheimatet sind. Vom ehemaligen Kolonialstädtchen **Mahébourg** › S. 90 führt die Route zum **Naturpark Le Val** › S. 91, wo man spazieren gehen und fischen kann. Von dort geht es über Nouvelle France, La Flora und Rivière des Anguilles in Richtung Südküste. Die Straße führt durch landwirtschaftlich geprägte Ortschaften; ein Abstecher zu den Teefeldern und der Teefabrik von **Bois Chéri** ist lohnenswert. Bei Souillac erreicht man die raue Südküste und folgt dieser wie in Tour 1 beschrieben bis zum ****Morne Brabant** › S. 92, einem Strandparadies. Weiter geht es nach Norden durch Ortschaften, an deren Rändern moderne Wohngebiete und Supermärkte entstanden. Vor der Flussmündung der **Rivière Noire** › S. 93 finden Hochseefischer ein Gebiet mit vielen Großfischen vor. Hinter **Tamarin** › S. 93 verläuft die Straße im Landesinneren. Ein Abstecher an die Küste in den beliebten Badeort **Flic en Flac** › S. 95 ist empfehlenswert, bevor man der Hauptstadt **Port Louis** › S. 71 einen Besuch abstattet und von dort aus etwa 40 km über die Autobahn zurück zum Flughafen fährt.

Auf Rodrigues startet die Tour am Flughafen auf der Plaine Corail, wo man sich am besten von einem Reiseveranstalter abholen lässt. Nicht weit von hier liegt die Höhle ***Caverne Patate** › S. 100 mit ihren

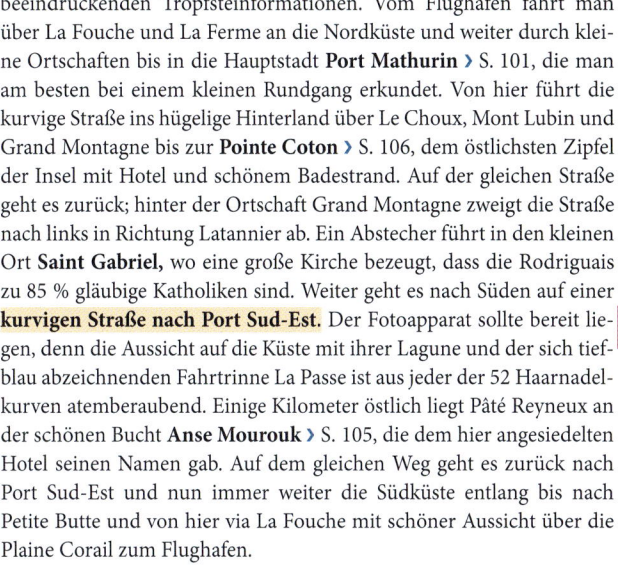

beeindruckenden Tropfsteinformationen. Vom Flughafen fährt man über La Fouche und La Ferme an die Nordküste und weiter durch kleine Ortschaften bis in die Hauptstadt **Port Mathurin** › S. 101, die man am besten bei einem kleinen Rundgang erkundet. Von hier führt die kurvige Straße ins hügelige Hinterland über Le Choux, Mont Lubin und Grand Montagne bis zur **Pointe Coton** › S. 106, dem östlichsten Zipfel der Insel mit Hotel und schönem Badestrand. Auf der gleichen Straße geht es zurück; hinter der Ortschaft Grand Montagne zweigt die Straße nach links in Richtung Latannier ab. Ein Abstecher führt in den kleinen Ort **Saint Gabriel,** wo eine große Kirche bezeugt, dass die Rodriguais zu 85 % gläubige Katholiken sind. Weiter geht es nach Süden auf einer kurvigen Straße nach Port Sud-Est. Der Fotoapparat sollte bereit liegen, denn die Aussicht auf die Küste mit ihrer Lagune und der sich tiefblau abzeichnenden Fahrtrinne La Passe ist aus jeder der 52 Haarnadelkurven atemberaubend. Einige Kilometer östlich liegt Pâté Reyneux an der schönen Bucht **Anse Mourouk** › S. 105, die dem hier angesiedelten Hotel seinen Namen gab. Auf dem gleichen Weg geht es zurück nach Port Sud-Est und nun immer weiter die Südküste entlang bis nach Petite Butte und von hier via La Fouche mit schöner Aussicht über die Plaine Corail zum Flughafen.

Der Stolz des einheimischen Kunsthandwerks auf Mauritius:
die detailgetreue Herstellung von Schiffsmodellen

Drei Wochen Inselhüpfen im Indischen Ozean: Mauritius, Rodrigues und La Réunion

Dauer:

Um einen umfassenden Eindruck von den drei Inseln zu erhalten, sollte man mindestens zwei, jedoch besser drei Wochen einplanen.

Verkehrsmittel:

Air Mauritius und Air Austral bieten Rundflugtickets zum Besuch aller drei Inseln an, von St-Pierre starten mehrfach in der Woche Direktflüge nach Mauritius (alle Flüge unbedingt lange im Voraus buchen; besonders während der örtlichen Schulferien und an Wochenenden sind die Plätze begrenzt!). Auf Mauritius empfiehlt sich wegen der ungewohnten Verkehrsverhältnisse ein Taxi bzw. ein Mietwagen mit Fahrer, auf Rodrigues sollte man ein geländetaugliches Fahrzeug mit Fahrer wählen, während La Réunion am besten mit einem wendigen Mietauto erkundet wird, da hier die Straßen sehr kurvig sind.

Von der alten Kolonialstadt **Mahébourg** › S. 90 oder direkt vom Flughafen aus geht es quer über die Insel auf der Autobahn nach **Curepipe** › S. 66, eine der bevölkerungsreichsten Städte des Hochlands mit oft regnerischem Wetter, aber hervorragender Auswahl an Boutiquen und Spezialgeschäften. Auf der Strecke nach Port Louis liegt nahe der Stadt Moka das gut restaurierte *Maison Créole Eureka › S. 75 mit interessantem Garten und Museum. In der quirligen Hauptstadt Port Louis sollte man sich für ein paar Stunden umschauen, bevor es auf einer gut ausgebauten Straße nach **Pamplemousses** › S. 80 geht, das für seinen **Botanischen Garten bekannt ist. Auch das **Zuckermuseum** in einer ehemaligen Zuckerfabrik ist sehr sehenswert.

Der Badeort **Grand Baie** › S. 78 mit zahlreichen Bars und Restaurants hat vielleicht nicht die schönsten Strände der Insel, aber zweifellos das lebhafteste Nachtleben. Weiter in Richtung Norden wird es ruhiger, an der rot gedeckten Kirche von **Cap Malheureux** schaut man übers türkisblaue Wasser auf **kleine Inseln › S. 80.

Wer viel Zeit im Gepäck hat, kann der Ostküste bis Mahébourg folgen, schneller geht es zurück auf der Autobahn bis zum Flughafen bei Plaisance.

Nicht weit vom Flughafen auf der Plaine Corail auf Rodrigues befinden sich die ***Tropfstein-höhle Caverne Patate** ❯ S. 100 und der **Korallensteinbruch** ❯ S. 99, die besichtigt werden können. Über die Ortschaften im Inselinneren führt die Strecke nach Saint Gabriel und windet sich dann in zahllosen Kurven zur Küste hinab (❯ Tour 2). An der

Zu Füßen des Mont Brabant erstrecken sich schöne Sandstrände

Küste geht es weiter in Richtung Osten nach Paté Reyneux, wo am Ende der Straße die schöne Bucht **Anse Mourouk** ❯ S. 105 mit einem kleinen Hotel liegt. Wer mag, kann auf der Küstenstraße über Port Sud-Est, Rivière Cocos, Petite Butte und La Fouche zum Flughafen zurückfahren. Von hier geht es per Flugzeug nach **St-Denis** ❯ S. 113, der Hauptstadt von La Réunion.

Entlang der Steilküste fährt man direkt am Meer entlang über La Possession auf der Schnellstraße bis nach **St-Paul** ❯ S. 117. Das verträumte Örtchen liegt an einem schwarzen Sandstrand und lebt vor allem an Markttagen auf. Unterhalb von Steilklippen geht es über **Boucan Canot** ❯ S. 121 mit seinem schönen Badestrand in den lebhaften Urlaubsort **St-Gilles** ❯ S. 121, an dessen südlichem Ende die größte Lagune der Insel beginnt. Über **St-Gilles-les-Hauts** ❯ S. 122 und Le Guillaume führt eine kurvige Straße auf 2203 m zum Aussichtspunkt **Le Maïdo** ❯ S. 117, von wo man einen spektakulären Blick in den *****Talkessel von Mafate** ❯ S. 118 hat (früh aufstehen, da ab ca. 10 Uhr Wolken den Blick versperren!). Zurück an der Küste führt die Straße nach Süden durch die Ortschaften **St-Leu** ❯ S. 123 und vorbei an **Etang-Salé-les-Bains** ❯ S. 124 mit seinem wunderschönen schwarzen Sandstrand in das kleine Städtchen St-Louis, bei dem sich noch eine der letzten Zuckerrohrfabriken befindet. Hier zweigt eine schmale, sehr kurvige Straße in den *****Talkessel von Cilaos** ❯ S. 109 ab. Vorsicht vor Steinschlag, vor allem bei und nach Regen! In der Ortschaft **Cilaos** ❯ S. 125 auf dem Hochplateau starten viele Wanderwege, auf denen man die kühle Höhenluft und die wunderschöne Landschaft genießen kann. Zurück auf der gleichen Straße geht es über St-Louis und das breite Flussbett der Rivière St-Etienne in die zweitgrößte Stadt der Insel **St-Pierre** ❯ S. 136.

Zwei Wochen Réunion auf Schusters Rappen

—④— St-Denis › La Roche Ecrite › Dos d'Ane › Rivière des Galets
› Mafate › Cilaos › Piton des Neiges › Hell-Bourg (Salazie) ›
Forêt de Bélouve › Plaine des Palmistes › Piton de la Fournaise ›
St-Philippe (Tourkarte › S. 110)

Dauer:

Je nach Kondition sollte man 10–15 Tage veranschlagen. Es empfiehlt sich, Ruhetage und längere Rasten einzulegen.

Verkehrsmittel und Unterkünfte:

Zum Startpunkt der Tour im Stadtteil La Providence hinter den Büros des O.N.F. (Office Nationale de la Forêt) gelangt man mit Bus
oder Taxi. Unterwegs besteht nur in Dos d'Ane, Cilaos, Hell-Bourg
und auf der Plaine des Palmistes die Möglichkeit, in ein Taxi oder
einen Bus einzusteigen. Der Weg endet bei St-Philippe, wo es Busverbindungen gibt. Alle Unterkünfte und Mahlzeiten in den Bergen
müssen im Voraus gebucht werden (über die Touristenbüros oder
das Maison de la Montagne, Buchungsbestätigung nicht vergessen!). In den Berghütten schläft man oft in Etagenbetten in Schlaf-
sälen; in Pensionen sind auch Doppelzimmer verfügbar; gegessen
wird am gemeinsamen Tisch. Informieren Sie sich unbedingt vorab
im Maison de la Montagne über den Zustand der Wege! (Wander-
karten › S. 115, im Maison de la Montagne)

Die Wanderung folgt anfangs dem Fernwanderweg GR R2, der im
Stadtviertel La Providence von **St-Denis** › S. 113 beginnt. Er führt ste-
tig bergan bis zum hoch gelegenen Stadtteil Le Brulé (3 Std.), den Sie
durchqueren, um nun der geteerten Forststraße bis zum Parkplatz Ma-
mode Camp auf 1092 m Höhe zu folgen. Hier beginnt der Waldweg zur
Berghütte auf der Plaine des Chicots (1839 m), der über etwa zwei
Stunden durch verschiedene Vegetationszonen führt und sanft ansteigt.
Den 1½-stündigen Aufstieg von der Hütte auf den Gipfel des ***Roche
Ecrite** (2277 m) sollte man in den frühen Morgenstunden und ohne
Gepäck angehen. Von hier eröffnet sich ein grandioser Blick in den Tal-
kessel von Salazie und Teile von Mafate. Auf dem gleichen steinigen
Pfad geht es zurück zur Hütte und von dort nach Westen durch dichtes
Buschwerk in Richtung des Ortes **Dos d'Ane** (Pensionen), der auf ei-
nem Hochplateau liegt (12,8 km, 3½ Std.). Der Weg folgt der Cirque-

Wand mit atemberaubenden Blicken in den unteren Teil des *****Talkessels von Mafate ›** S. 118, er ist teilweise glitschig und voller Wurzelwerk. Sie durchqueren Dos d'Ane mit seinen zahlreichen Gemüsegärten und folgen im unteren Ortsteil der Beschilderung nach Deux Bras / Rivière des Galets. Der steile Weg führt hinab in das Flusstal, von dort steigt er an in Richtung **Roche Plate** (7–8 Std., Hütten). Er führt nun über 12 km auf und ab vorbei am idyllischen Plätzchen Les Trois Roches nach **Marla** (5 Std., Hütten). Hinter der kleinen Ansiedlung verlässt man den Cirque de Mafate nach dem kurzen, steilen Anstieg (ca. 1 Std.) zum Col du Taïbit (2083 m) und befindet sich im *****Talkessel von Cilaos ›** S. 109. Über einige kleine Hochebenen steigen sie in etwa 3 Std. zur Straße ab, die von Cilaos nach Ilet à Cordes führt. Sie überqueren diese und folgen weiter dem abfallenden Weg in ein Flusstal, in dem dann der steile Aufstieg zum Hauptort **Cilaos ›** S. 125 beginnt (1 ½ Std., Hotels und Pensionen). Oberhalb der Ortschaft, an der Straße nach Bras Sec, beginnt der Wanderweg auf den höchsten Gipfel der Insel, den ****Piton des Neiges** (3070 m) **›** S. 120. Der Weg verläuft über 5 km steil bergan, nach etwa 5 Std. erreicht man die einfache Wanderhütte Gîte de la Caverne Dufour unterhalb des Gipfels. Der Aufstieg (ca. 1 ½–2 Std.) sollte frühmorgens geschehen, bevor Wolken die Sicht in die Talkessel von Mafate und Cilaos behindern.

Nach Rückkehr zur Hütte folgen Sie der Beschilderung nach Cap Anglais und dann weiter nach Hell-Bourg im *****Talkessel von Salazie ›** S. 128 (10 km, 5 Std.). Der Weg ist mühsam und rutschig, er führt stetig bergab. Im hübschen Ort ***Hell-Bourg ›** S. 128 lohnt ein längerer Aufenthalt. Vom Ortskern wandert man über schmale Wege zur Cirque-Wand und diese im Zickzack hinauf zur Wanderhütte Gîte de Bélouve (4,8 km, 2 Std.), die auf einem Plateau liegt. Hier beginnt ein Abstecher zum **Aussichtspunkt über das enge Tal Trou de Fer ›** S. 130, der sich als Tageswanderung anbietet (7 km hin und zurück, ca. 3 ½ Std.). Durch die dichten Primärwälder von Bélouve und

Der Piton de la Fournaise ist sehr aktiv

19

Bébour, mit Anstieg auf deren Schnittstelle, den Col de Bébour (1640 m), führt eine lange Etappe bis zur Ortschaft **Plaine des Palmistes** › S. 129 bzw. bis zum Ortsteil Petite Plaine (Pensionen); streckenweise verläuft der Weg auf der Forststraße (18,2 km, 5–6 Std.). In Plaine des Palmistes führt ein eher selten begangener Weg zum **Piton Textor** (3 Std.) und von dort weiter über die ***Plaine des Sables** › S. 130 bis zum Pas de Bellecombe, dem Aussichtspunkt auf den Kegel des Vulkans *****Piton de la Fournaise** › S. 130 (6 Std.). Die lange Wanderung berührt unterschiedlichste Vegetations- und Landschaftszonen, sie führt durch fruchtbares Weideland und dichte Wälder bis zur kargen Mondlandschaft am Vulkan. Unterhalb des äußeren Kraterrands liegt eine schöne Hütte, hier starten verschiedene Wanderwege. Die Besteigung des Vulkangipfels (2631 m) ist nicht immer möglich. Die Tourroute führt auf der staubigen Straße zurück zum Beginn der Plaine des Sables und dort in Richtung Süden über Foc Foc in die Wälder des **Vallée Heureuse**. Das Terrain ist rutschig, der mühsame Abstieg endet nach etwa 6 Std. auf einer Forststraße, die in die Ortschaft **Basse Vallée** (weitere 1 ½ Std.) führt; alternativ (etwa 2 Std. länger) kann man der Fernwanderweg GR R2 bis nach Mare Longue kurz vor **St-Philippe** › S. 134 folgen. Die Inselüberquerung endet bei beiden Varianten nach der Überwindung von rund 125 km Strecke und 8000 Höhenmetern am Meer, wo Wellen gegen die rauen Lavaklippen schlagen.

Bis zu 10 m hohe Baumfarne sind die Wahrzeichen von Réunion

Natur und Kultur, Berge und Meer: Zwei vielseitige Wochen auf La Réunion

5 › Ste-Clotilde › St-André › Bras Panon › St-Benoit › Ste-Anne › Ste-Rose › St-Philippe › Cascade de la Grande Ravine › St-Joseph › Grand Anse › St-Pierre › Piton de la Fournaise › St-Louis › Cilaos › St-Leu › St-Gilles › St-Paul › La Possession › St-Denis

Dauer:

Eine Inselumfahrung ohne Stopps dauert ca. 6 Stunden, für die Gesamttour mit Abstechern sollte man jedoch 14 Tage einplanen.

Verkehrsmittel und Unterkünfte:

Die Überlandbusse *Car Jaunes* fahren rund um die Insel, auf die Hochebene und in den Cirque de Cilaos, einige der Abstecher sind jedoch mit dem Bus nur schwer zu erreichen. Ideal ist ein kleines, wendiges Mietauto in gutem Zustand, da einige Streckenabschnitte unbefestigt sind. Lassen Sie über Nacht oder an einsamen Parkplätzen nichts offen im Auto liegen, Einbrüche in Mietautos kommen nicht selten vor. Unterkünfte sollten im Voraus reserviert werden.

Die Tour beginnt am **Flughafen Roland Garros** im Ortsteil Gillot nahe der Stadt Ste-Clotilde. Auf der Autobahn fahren Sie in Richtung Osten, vorbei an den kleinen Städtchen Ste-Marie und Ste-Suzanne. Rechts und links liegen Zuckerrohrfelder, gelegentlich erspäht man eine palmengesäumte Allee, die zu einem alten Herrenhaus führt. In Bras Panon biegen Sie auf die alte Route Nationale ab und erreichen bald die **Coopérative de Vanille** › S. 132, deren interessante Ausstellung über die Herstellung der Bourbon-Vanille informiert. Ein lohnenswerter Abstecher führt über eine schmale Straße zum **Bassin de la Paix** › S. 132, in das sich ein schöner Wasserfall stürzt. Hier beginnt ein Wanderweg zu einem zweiten See mit Wasserfall, dem **Bassin de la Mer,** in dem man auch schwimmen kann.

Die N 2 führt nun recht nah am Ufer entlang über **St-Benoît** › S. 132 nach Süden; sie wird jetzt schmaler, etwas weniger befahren und schlängelt sich durch Felder bis zum kleinen Ort **Ste-Anne** › S. 132, in dem eine kuriose Kirche mit angrenzendem Kunsthandwerkszentrum zum Stopp einlädt. Weiter südlich wird das tiefe Tal der **Rivière de l'Est** überquert. Parallel zur modernen Brücke überspannt eine historische Hängebrücke den Fluss, der nach Regenfällen stark anschwillt. Kurz da-

Paragliding – ein herrliches Gefühl

rauf durchfahren Sie die Ortschaft **Ste-Rose** ❯ S. 133. Am Kreisel führt eine Stichstraße zu einem kleinen Hafen am Meer, hier erhascht man erste Blicke auf die felsige Südküste. Weiter in Richtung Westen spürt man den Einfluss des Vulkans immer deutlicher, die Kirche von **Piton Ste-Rose** ❯ S. 133 wurde einst beim Ausbruch 1977 von Lavaflüssen umzingelt. Etwas lieblicher präsentiert sich die unweit gelegene Fischerbucht ✶✶**Anse des Cascades** ❯ S. 134, zu der sich eine kleine Straße hinabschlängelt. Unter den Palmen und Sträuchern in Ufernähe picknicken am Wochenende kreolische Großfamilien, durch die kleinen Bachläufe kann man bis zur Felsenwand laufen, an der sich kleine Wasserfälle hinabstürzen.

⚠️ Die Naturgewalten haben die Landschaft an den südöstlichen Flanken des Vulkans immer wieder verändert. In den letzten Jahren fanden Ausbrüche gelegentlich auch außerhalb des Hauptkraters statt und bedrohten die Ortschaften Piton Ste-Rose und Le Tremblet, mehrfach floss die Lava bis ins Meer. Bei solch heftigen Eruptionen wie im März 2007 ist die um die Insel führende Straße oft für Monate unterbrochen.

Die frischen getrockneten Lavaflüsse sind an ihrer tiefschwarzen Farbe deutlich erkennbar, neu geteerte Streckenabschnitte führen darüber. Kurz vor Le Tremblet verlässt man den inneren Kraterbereich. Die schmale Küstenstraße schlängelt sich jetzt durch kleine Ortschaften mit vielen traditionellen kreolischen Häusern bis nach **St-Philippe** ❯ S. 134. Bei Langevin führt eine Straße entlang der Rivière Langevin durch ein schmales Tal. Gegen Ende der teilweise steilen Straße, kurz vor der Ortschaft Grand Galet, stürzt sich der Wasserfall **Cascade de la Grande Ravine** ❯ S. 135 in die Tiefe, auf der Rückfahrt kann man sich im Fluss erfrischen. Die nächste größere Ortschaft entlang der Hauptstraße ist **St-Joseph** ❯ S. 135; einige Kilometer dahinter gelangt man **Echt gut!** zur **wunderschönen Bucht von Grand Anse** ❯ S. 136 mit weißem Sandstrand. Das Schwimmen im Meer ist hier zu gefährlich, aber Kinder planschen gern in dem kleinen angelegten Felsenbecken.

Die Stadt **St-Pierre** ❯ S. 136 bildet das Zentrum des Südens und eignet sich zum Bummeln in den steilen Straßen des Stadtkerns oder an der Uferpromenade. Eine vierspurige Straße führt über Le Tampon in Richtung Hochplateau und erreicht nach zahlreichen Kurven **Bourg-Murat**. Die Ortschaften am Wegesrand erhielten ihre Namen entsprechend der Entfernung von der Küste: Le Dix-Septième liegt z. B. 17 km hinter St-Pierre. In Bourg-Murat befindet sich in einem futuristischen Gebäude das **Musée du Volcan** › S. 120. Hinter dem Museum beginnt die Forststraße, die über die karge *Plaine des Sables* › S. 130 bis an den äußeren Kraterrand des ***Piton de la Fournaise*** › S. 130 führt. Die Fahrt zum Vulkan und eine Wanderung in den Krater sind Höhepunkt eines jeden Besuchs auf La Réunion. Zurück geht es auf dem gleichen Weg an die Südwestküste und weiter bis **St-Louis**. Ein Teil der Brücke über die Rivière Etienne stürzte nach einem Zyklon 2006 unter den Wassermassen ein und wurde erst 2008 erneuert.

In St-Louis beginnt die kurvige Straße, die in den ***Cirque de Cilaos*** › S. 109 führt. An jeder Ecke eröffnen sich atemberaubende Bli-

Touren in den Regionen

Tour	Region	Dauer	Seite
Die Städte im Inselinneren	Mauritius: Der Norden und Osten	1 Tag	66
Rund um die Nordspitze	Mauritius: Der Norden und Osten	1 Tag	67
Wo der Hochlandtee wächst	Mauritius: Der Süden und Westen	1 Tag	87
Durch den wilden Süden	Mauritius: Der Süden und Westen	1 Tag	88
Natur pur im Südwesten	Mauritius: Der Süden und der Westen	1 Tag	89
Entlang der Nordküste	Rodrigues	1 Tag	99
Entlang der Südküste	Rodrigues	1 Tag	99
Rundtour in die Höhen und ans Meer	La Réunion: Der Norden und Westen	1 Tag	108
In den Cirque de Cilaos	La Réunion: Der Norden und Westen	2–3 Tage	109
Entre-Deux und Le Dimitile	La Réunion: Der Norden und Westen	1–2 Tage	112
In den Cirque de Salazie	La Réunion: Der Osten und Süden	2 Tage	127
Zu Seen, Wasserfällen und in den Urwald	La Réunion: Der Osten und Süden	2 Tage	129
Rund um den Vulkan Piton de la Fournaise	La Réunion: Der Osten und Süden	1 Tag	130

cke in die zerklüftete Landschaft im Herzen der Insel. Auch hier gibt es für den Rückweg keine Alternative; über St-Louis, vorbei an der Zuckerrohrraffinerie Sucrerie du Gol, geht es weiter gen Norden. **Etang-Salé-les-Bains** ❯ S. 124 ist bekannt für seinen lang gezogenen schwarzen Sandstrand, dessen Strömungen jedoch stellenweise gefährlich sind. Von der küstennahen N1 bis **St-Leu** ❯ S. 123 eröffnen sich stets herrliche Blicke aufs Meer. **Le Souffleur** ❯ S. 124 heißt ein Loch im Lavagestein neben einer kleinen Haltebucht – die Wucht der Wellen drückt Seewasser hindurch, das hoch aufspritzt. Am Ortsausgang liegt die ehemalige Schildkrötenfarm, die in das Forschungszentrum **Kelonia-Observatorium für Meeresschildkröten** umgewandelt wurde. Bleibt man auf der Landstraße N1, beginnt bei La Saline die größte Lagune der Insel, die sich über 24 km Länge bis nach **St-Gilles-les-Bains** ❯ S. 121 erstreckt. **Hermitage** ❯ S. 121 und **St-Gilles** sind die Hauptbadeorte der Insel mit Bars, Diskotheken, vielen Restaurants, schönem Aquarium und Hafengelände. Nördlich davon liegt einer der beliebtesten Strände, **Boucan Canot** ❯ S. 121, in einer kleinen Bucht kurz vor Beginn der Steilküste, an der entlang sich die Straße bis **St-Paul** ❯ S. 117 schlängelt.

Auf der vierspurigen Autobahn geht es von hier vorbei am einzigen Tiefseehafen der Insel Le Port nach **La Possession.** Hier landeten die ersten Besucher der Insel und wohnten in Höhlen, die man noch besichtigen kann. Auf dem alten Friedhof Cimetière Marin am südlichen Ortsausgang liegen die Gräber berühmter Piraten und Seefahrer. Auf der ***Route du Littoral**, der Uferautobahn, geht es unterhalb der Klippen am Meer entlang bis in die Hauptstadt St-Denis.

Klima und Reisezeit

Die Höhe der Bergmassive, die tropische Lage der Inseln und der Südostpassat beeinflussen das Klima auf den drei Maskareneninseln. Man unterscheidet grob zwischen zwei Jahreszeiten: einem schwül-heißen Sommer (November bis April), in dem die Temperaturen bei hoher Luftfeuchtigkeit bis auf 35 °C steigen können, und einem trocken-moderaten Winter (Mai bis Oktober). Als ideale Urlaubszeit gelten die Monate April bis Juli sowie September bis November, da es dann weder zu heiß noch zu feucht ist.

Die Sommermonate Dezember bis März sind durch Tiefdruckgebiete, heftige Niederschläge und gelegentliche Wirbelstürme – so genannte **Zyklone** – geprägt. Kleine Flüsse verwandeln sich in reißende Ströme, eine sonst ruhige Lagune ist übersät mit weißen Gischtkronen, und orkanartige Böen oder Überschwemmungen können ganze Landstriche verwüsten. Meist ist der Spuk nach ein bis drei Tagen wieder vorbei und die Sonne lacht umso intensiver vom wolkenlosen Himmel. Pro Saison kann es mehrere Wirbelstürme geben, in manchen Jahren bleiben sie ganz aus.

Mauritius

Mauritius gilt das ganze Jahr über als Badeparadies, wobei die Temperaturen im dortigen Winter, zwischen Juni und Oktober, deutlich unter denen im Rest des Jahres liegen und ein kühler Wind wehen kann. Im Dezember, wenn in Europa der Winter Einzug hält, herrschen Temperaturen von über 30 °C. Während von Januar bis März die Quecksilbersäule bis auf 36 °C klettern kann, fallen die Werte im mauritischen Winter zwischen Juni und August bis auf 20 °C. Die Wassertemperaturen schwanken von 24 °C im Juli bis 27 °C im Januar. Mauritius ist fast das ganze Jahr über einem Süd-

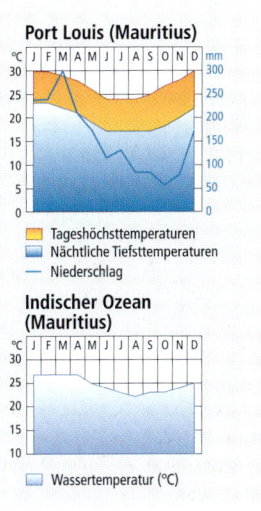

ostwind ausgesetzt, der Surfern und Seglern an den südlichen und östlichen Küsten paradiesische Bedingungen beschert und die Wolken in die Berge bläst, wo sie meist abregnen. Zum Schnorcheln eignet sich eher die im Windschatten gelegene West- und Nordküste.

Rodrigues

Mangels hoher Berge, an denen sich Wolken stauen könnten, ist Rodrigues die niederschlagsärmste Insel der drei Schwestern. Dies führt zu häufigen Engpässen bei der Süßwasserversorgung. Viele Flusstäler der Insel bleiben fast das ganze Jahr über trocken und einige Quellen versiegen. In manchen Jahren sorgen Zyklone mit heftigen Niederschlägen für eine Aufstockung der Reservoirs, jedoch richten sie durch ihre starken Winde großen Schaden an der Ernte an. Während des ganzen Jahres weht vor allem an der Südküste ein frischer Wind, Windsurfer wissen ihn zu schätzen.

La Réunion

Auf der bergigen Insel La Réunion liegen die Durchschnittstemperaturen zwischen Mai und November bei 25 °C, es regnet wenig. Diese kühlere Jahreszeit eignet sich besonders gut für Wanderungen. An der

Westküste *(Côte sous le vent – Küste unter dem Wind)* ist es häufiger sonnig als im Osten *(Côte au vent – Küste im Wind)*, im Süden und in den Höhenlagen. Im Sommer der südlichen Hemisphäre, von Dezember bis April, ist es merklich heißer (30 °C), die Luftfeuchtigkeit steigt und es kann oft tagelang stark regnen. Das Inselinnere mit den Talkesseln und den Hochebenen verschwindet fast täglich für Stunden unter Wolken, und am Vulkan ist das

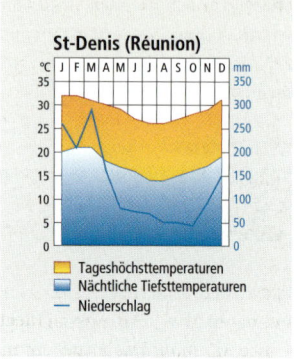

Wetter sehr wechselhaft und kann ganz plötzlich umschlagen.

Auch wenn die Außentemperaturen je nach Jahreszeit leicht schwanken, variieren die Wassertemperaturen nur zwischen 24 °C im Juli und 27 °C im Januar. Die Lagune ist ein Paradies für Schwimmer und Schnorchler, während jenseits des Korallenriffs geübte Taucher und Segler sowie Hochseeangler auf ihre Kosten kommen. Selbst bei Passatwind bleibt das Wasser in der Lagune recht ruhig, es kann dann höchstens zu stärkeren Strömungen kommen.

Anreise

Die Linienfluggesellschaft Air Mauritius fliegt mehrmals wöchentlich nonstop ab Frankfurt/M., München und Zürich in etwa 11 Stunden direkt oder über Paris nach **Mauritius** und weiter nach **Rodrigues** und **La Réunion.** Condor (Thomas Cook) bietet mehrmals pro Woche Direktflüge von Frankfurt/M. an.

Der internationale Flughafen von Mauritius, Sir Seewoosagur Ramgoolam (http://aml.mru.aero), liegt in Plaisance im Südosten der Insel, ca. 45 km von Port Louis entfernt. Wer auf eigene Faust unterwegs ist, muss seinen Rückflug spätestens 72 Stunden vor Abflug entweder am Flughafen (Tel. 603-6000 oder 207-7575) oder im betreffenden Airline-Büro bestätigen lassen.

Air France und Air Austral fliegen von Frankreich aus direkt nach **La Réunion** (Anschlussflüge von den meisten deutschen Flughäfen). Air Austral verkehrt außerdem zu weiteren Destinationen im Indischen Ozean, darunter auch Mauritius und Rodrigues (Rundflüge sind möglich). Die Charterfluggesellschaft CorsairFly (TUIfly) unterhält wöchentlich mehrere Flüge nach La Réunion. Vom Flughafen Roland Garros (www.reunion.aeroport.fr), ca. 10 km östlich von St-Denis, verkehren Pendelbusse (»navette aéroport«, Tel. vor Ort 0800/655-655) und Taxis in die Hauptstadt.

Reisen in der Region

Air Mauritius verbindet Mauritius mit Rodrigues (1,5 Std.) und La Réunion (40 Min.). Air Austral fliegt ebenfalls nach La Réunion.

Die *MS Mauritius Pride,* ein mauritischer Frachter mit Personenbeförderung, ist dreimal monatlich nach Rodrigues (ca. 28 Std.) und ca. sechsmal monatlich nach La Réunion (ca. 12 Std.) unterwegs. Auch die *MS Mauritius Trochetia* verkehrt regelmäßig auf diesen beiden Strecken. Auskünfte erteilt die **MSCL Coraline Ltd.** (Suite 412, St. James Court, St-Denis Street, Port Louis, Tel. 208-5900, www.mauritiusshipping. intnet.mu).

Unterwegs auf Mauritius und Rodrigues

Drei **Hubschrauber** der Air Mauritius stehen für Hoteltransfers und Rundflüge zur Verfügung (Tel. 603-3754, Fax 637-4104). **Mietwagen** gibt es ab ca. 50 €/Tag, z. B. bei **Dodo Touring** (Quatre Bornes, Tel. 425-6810) oder bei **Waterlily Travel & Tours** (Curepipe, Tel. 675-2626). Der

Busse auf Mauritius sind zuverlässig und preiswert

Fahrer muss 23 Jahre alt sowie im Besitz eines noch ein Jahr gültigen Internationalen Führerscheins sein; auch der Reisepass wird verlangt. Kreditkarten ersparen die Hinterlegung einer Kaution. Der Abschluss einer Insassen- und Vollkaskoversicherung ist ratsam. Tankstellen gibt es in jedem größeren Ort (auf Rodrigues nur in Port Mathurin), abends sind viele geschlossen. In Touristenorten, vor allem auf Rodrigues, werden oft **Zweiräder** mit und ohne Motor zum Verleih angeboten. Vor der Abfahrt unbedingt deren technischen Zustand überprüfen!

Taxis bieten eine gute und oft bequemere sowie preiswertere Alternative zum Mietauto. Zu günstigen Pauschalpreisen (im Hotel zu erfragen) kann man sie für einen halben oder ganzen Tag mieten und bei Besichtigungen den Fahrer warten lassen. Die Chauffeure entpuppen sich nicht selten als kundige Reiseführer (auf ausreichende Sprachkenntnisse achten). Alle Taxis haben amtlich kontrollierte Taxameter und eine Liste mit Pauschalpreisen für die Hauptrouten. Es empfiehlt sich dennoch, den Preis immer vor Antritt der Fahrt abzusprechen. Der Nachttarif (20–5 Uhr) ist 40 % teurer. Am Flughafen oder vor Hotels stationierte Taxis verlangen etwa 10 % mehr als die übrigen und berechnen Extragebühren für Gepäck und Flughafen-Zufahrt.

Busse sind ein verlässliches und preiswertes Verkehrsmittel und obendrein ganz bequem. Von Port Louis starten die Busse von zwei Bahnhöfen aus entweder nach Süden oder nach Norden, nahezu jeder Ort ist per Bus erreichbar. Mit Ausnahme der Expressbusse dauern die Fahrten allerdings lange. In den Stadtgebieten verkehren die Busse von 5.30 bis 20 Uhr, zwischen Port Louis und Curepipe bis 23 Uhr, auf dem Land wartet man nach 18.30 Uhr vergeblich auf einen Bus. Die Busse auf Rodrigues sind etwas klappriger als die auf der Hauptinsel, sie verbinden Port Mathurin mit allen Hauptorten der Insel. Der letzte Bus fährt hier gegen 17.30 Uhr.

Organisierte Touren

Bootstouren zu den vorgelagerten Inselchen von Mauritius sowie Besichtigungsfahrten organisieren folgende Reiseagenturen:

■ **White Sand Tours**
Port Louis][**Tel. 212-3712**
www.whitesandtours.com
■ **MauriTours**
Rose Hill][**Tel. 467-9700**
www.mauritours.net
■ **MTTB/Mautourco**
Forest Side][**Tel. 670-4301**
www.mttb.com

Verkehrsregeln

Auf **Mauritius** herrscht Linksverkehr. In Ortschaften beträgt die Höchstgeschwindigkeit 40 km/h, auf Landstraßen 50 km/h und auf der Autobahn 80 km/h. Meist wird jedoch viel schneller gefahren! Auf **Réunion** gelten folgende Höchstgeschwindigkeiten: 50 km/h in Ortschaften, auf Landstraßen 90 km/h und auf Schnellstraßen 110 km/h oder 130 km/h.

Special

Fun for Kids auf Mauritius

Kinder und Teens jeden Alters finden auf Mauritius, was ihr Herz begehrt. Fast jedes größere Hotel bietet täglich ein abwechslungsreiches Programm im kostenlosen Mini- oder Teenclub an; daneben gibt es Spiele, Bücher, Computerspiele und DVDs (alles meist auf französisch und englisch). Einige Hotels offerieren darüber hinaus eigens für Teens entwickelte Animationsprogramme mit Ausflügen. Kinderstühle, Babybetten, Babysitterservice und spezielle Mahlzeiten sind überall erhältlich.

An allen Hotelstränden oder im Swimmingpool können Kinder gefahrlos spielen und baden, verschiedenste Wasseraktivitäten lassen jeden Tag wie im Flug vergehen. Sehr spannend ist die Teilnahme an einem speziell für Kinder von 8–12 Jahren konzipierten Tauchkurs, dem PADI-Bubble-maker. Pferdeliebhaber finden an vielen Stränden wie auch im Hinterland Reitmöglichkeiten.

Spannende Aktivitäten

Für Ausflüge und Abenteuer bietet sich der **Waterpark** ❯ S. 83 von Belle Mare an. Verschiedene Becken und Rutschen garantieren jede Menge Spaß. Sehr erlebnisreich ist auch das **La Vanille Reserve des Mascareignes** ❯ S. 92 bei St-Aubin, wo Hunderte Reptilien sowie Affen und viele andere Kreaturen bestaunt werden können. Im **Casela Nature & Leisure Park** ❯ S. 96 bei Flic en Flac leben über 1500 Vogelarten sowie Wildkatzen, Kängurus und Schildkröten. Auf der **Domaine des Pailles** ❯ S. 74 kann man reiten und Kutsche fahren. Flora und Fauna des **Kestrel Valley** ❯ S. 84 bieten Entdeckungsfreuden für Kinder und Teens.

Unterwegs auf Réunion

Ein dichtes **Buslinennetz** *(cars jaunes;* www.cg974.fr) überzieht die ganze Insel, sodass beinahe jeder Ort per Bus erreichbar ist. Innerhalb der größeren Städte gibt es noch regionale Busnetze. Informationen erhält man an den Busbahnhöfen *(gare routière)* der größeren Ortschaften und in den Tourismusbüros. Die Verbindungen sind allerdings oft langsam und nicht jeder touristisch interessante Punkt wird direkt angefahren. Die meisten Besucher sind mit dem **Mietwagen** unterwegs. Neben den internationalen Verleihfirmen, die in großen Hotels, in den Städten und am Flughafen vertreten sind, bieten einheimische Agenturen günstige Leihautos (ab ca. 30 €/Tag). Man kann auch Geländewagen und Motorräder mieten. Die Straßen auf Réunion befinden sich in gutem Zustand, doch hohes Verkehrsaufkommen und Staus sind zu Stoßzeiten die Regel. Einige Straßen können nach Regenfällen oft tagelang gesperrt sein. **Taxis** haben Taxameter, stehen in jedem größeren Ort zur Verfügung und können auch zu den entlegensten Stationen geordert werden. Der Preis setzt sich aus Grundgebühr und gefahrenen Kilometern zusammen. Nacht- und Wochenendtarife sind etwas teurer.

Wer dem Piton de la Fournaise ins Auge schauen sowie Felswände und Wasserfälle wie im Trou de Fer zum Greifen nah erleben möchte, sollte Réunion per **Hubschrauber oder Ultraleichtflugzeug** erkunden. Geflogen wird nach Anmeldung täglich; Preise 100–260 €. Buchung:

■ **Helilagon**
Altiport de l'Éperon][**St-Paul**][**Tel. 02 62 55 55 55**][**www.helilagon.com**

■ **Corail Hélicoptères**
Aéroport de St-Pierre][**Pierrefonds**][**Tel. 02 62 22 22 66**
www.corail-helicopteres.com

■ **Felix ULM Run**
ULM-Basis Cambaie][**Le Port**][**Tel. 06 92 87 32 32**][**www.felixulm.com**

Sport und Aktivitäten

Auf allen Inseln

Der Korallenring rund um Mauritius bietet natürlichen Schutz und sorgt fast rund um die Insel für relativ sichere Bade- und Schnorchelreviere. In vielen Hotels ist hier die Nutzung von Surf-, Schnorchel-, Segel- oder Wasserskiausrüstung im Preis inbegriffen. Auf La Réunion liegen alle Badestrände an der Westküste zwischen St-Paul und Grand Anse, wo sich auch größere Lagunen und künstliche Badebecken befin-

Fischschwärme bewohnen die Riffs rund um die Inseln

den; an der Lagune gibt es Verleihstellen für Wassersportgeräte. Es sollte nur an patrouillierten Strandabschnitten gebadet und auch nur an ausgeschriebenen Stellen Wassersport betrieben werden, da ist man vor Haien und gefährlichen Strömungen sicher. Auf Rodrigues ist das Meer fast überall zu seicht zum Baden und auch für Wassersport nur begrenzt nutzbar; es gibt nur wenige Verleihstellen, meist in den Hotels. Die **Wassersportarten** Tauchen, Schwimmen, Segeln und Windsurfen lassen sich auf allen drei Inseln gut praktizieren. La Réunion ist ein Dorado für Freunde von **Bergsport**- und **Extremsportarten**. Auch auf Rodrigues gibt es gute Wandermöglichkeiten, während auf Mauritius das Angebot an Wanderwegen sehr begrenzt ist. **Wellness**-Freunde werden hingegen auf Mauritius voll auf ihre Kosten kommen, die beiden anderen Inseln haben nur ein sehr begrenztes Angebot. In den Thermen von Cilaos auf La Réunion kann man kuren, ein solches Arrangement sollte jedoch im Voraus organisiert werden. Golfer zieht es ebenfalls nach Mauritius, da es hier ein breites Angebot an hoch professionell geführten 18-Loch-**Golfplätzen** gibt. La Réunion besitzt drei private Golfclubs, die auch Gästen offenstehen (Infos beim Touristenbüro).

Tauchen

Rund um die Inseln liegen interessante, äußerst unterschiedliche Reviere. Leider hat die Korallenbleiche von 1998 die Korallen in den Lagunen nachhaltig geschädigt, aber Weichkorallen wachsen allmählich nach. Verboten sind das Sammeln von Muscheln oder Korallen und das Speerfischen. An der klimatisch raueren und windigeren Ostküste von **Mauritius** konzentrieren sich Teppiche von Weichkorallen. In den Riffpassagen trifft man von November bis April auf Weißspitzen-Hundshaie und Riffhaie, in 25 m Tiefe begegnet man Langusten. In den Gewässern an der Südküste sind die Korallenstöcke bizarrer geformt und schwerer zugänglich, es gibt viele Fische. Whale Rock im Nordwesten zählt zu den interessantesten Tauchrevieren mit Stein- und Peitschen-korallen, Schwarzen Korallen und Geistermuränen. Das Riff um die Insel Coin de Mire nördlich von Mauritius eignet sich auf seiner Süd-seite zu Drifttauchgängen; Höhlen und Kanäle fordern geübte Taucher heraus. In der Regel sind die Tauchschulen auf Mauritius großen Hotels angegliedert, sie unterrichten nach international anerkannten Richt-linien (CMAS und PADI). Bei Tauchunfällen befindet sich eine De-kompressionskammer in Vacoas (**Decompression Chamber,** Special Mobile Force, Vacoas, Tel. 686-1011). Auf **Rodrigues** warten viele Tauchplätze noch auf ihre Entdeckung, oft ist man allein vor Ort.

Auf **La Réunion** gibt es interessante Tauchplätze an der Westküste, z. B. bei Cap de la Houssaye. Um sie zu finden, sollte man sich einer professionellen Tauchschule anschließen (Infos im Heft RUN Guide, bei den Touristeninformationen und im Maison de la Montagne).

Segeln

Sanfte Lagunen und der bewegte Indische Ozean laden Anfänger und Könner zum Segeln ein. Kleine Boote zum Lagunensegeln stellen die großen Hotels zur Verfügung, größere Jachten für Törns – mit oder ohne Crew – vermitteln professionelle Vermieter.

■ **Yacht Charters**

Royal Road][**Grand Baie**][**Mauritius**][**Tel. 263-8395**][**www.isla-mauritia.com**

 Historisches Segelboot Isla Mauritia

■ **Croisières Turquoises Ltd.**

Coastal Road][**Mahébourg**][**Mauritius**][**Tel. 631-8347**
www.tropicscope.com

Drei Katamarane segeln entlang der Nord-, Ost- und Südküste, Tagestouren.

Windsurfen, Kitesurfen und Wellenreiten

Im Schatten des Morne Brabant und an der Ostküste bei Belle Mare und Pointe d'Esny liegen die besten Wind- und Kitesurfreviere von **Mauri-tius** – hier weht ein frischerer Wind als an den meisten anderen Küs-tenabschnitten. An der Mündung des Tamarin River üben sich die Wel-lenreiter. An der Anse Mourouk auf **Rodrigues** befindet sich eine Wind- und Kitesurfschule mit Ausrüstungsverleih (www.mourouke bonyhotel.com), vor dieser Küste findet man auch die besten Bedin-gungen vor. Auf **Réunion** kann man sich in der Lagune von La Saline und Hermitage bei guten Windverhältnissen gefahrlos vom Wind trei-ben lassen; alle anderen Stellen sind Profis vorbehalten und nicht vor Haien sicher. Wellenreiter reiten auf den Kämmen der Wellen von St-Leu, Roches Noires in St-Gilles und Boucan Canot, es gibt hier auch eine professionelle Surfschule.

■ **Centre Sport Nautique**
Grand Baie][**Mauritius**][**Tel. 263-8017**][http://centrenautique.com
Verleih von Surfbrettern, Wind- und Kitesurfausrüstung und Katamaranen
■ **Ecole de Surf et de Bodyboard des Roches Noires**
St-Gilles][**La Réunion**][**Tel./Fax 02 62 24 63 28**

Reiten

Mehrere Zentren bieten Unterricht für Erwachsene sowie Kinder an und führen Reiter durchs Gelände. Das Coco Beach Hotel in Belle Mare auf Mauritius › S. 83 besitzt einen eigenen Reitstall. Infos über Veranstalter und Tarife auf Réunion beim Maison de la Montagne sowie im Heft RUN Guide, das bei den Touristeninformationen erhältlich ist.

Mauritius und Rodrigues

Unterwasserspaziergänge und -bootstouren

Selbst Nichtschwimmer und Kinder können bei einem Unterwasserspaziergang aus nächster Nähe leuchtend bunte Fische und andere Meeresbewohner beobachten. Jedem Teilnehmer wird auf den vor Pointe aux Canonniers, Flic en Flac und Belle Mare verankerten Plattformen ein Taucherhelm übergestülpt, den ein Schlauch mit einer Druckluftflasche verbindet. Dann steigt er hinab auf den Meeresboden und geht dort spazieren. U-Boote oder das Unterwasser-Panoramaboot »Le Nessee« sind eine Attraktion für alle, die von bequemen Sitzen aus die Meereswelt erleben möchten.
■ **Blue Safari Submarine**
Trou aux Biches][**Tel. 263-3333,**
Fax 263-3334][www.blue-safari.com
U-Boote mit 35 m Tauchtiefe und ein selbst steuerbarer Sub-Scooter;
U-Boot-Fahrt: Erw. 97 €, Kinder 57 €.
■ **Captain Nemo's Undersea Walk**
Grand Baie][**Mont Choisy und Belle Mare**][**Tel. 263-7819 oder 263-3077**
Unterwasserspaziergänge an verschiedenen Stellen in der Lagune; ca. 35 € pro Person inkl. Bootsfahrt.

Die aufregendsten Aktivitäten

■ **Canyoning** – Abseilvergnügen inmitten eines rauschenden Wasserfalls, die steilen Felswände auf La Réunion machen es möglich › S. 35.
■ **Ultra-Light-Flugzeug** – Flug im offenen Cockpit eines ULMs über die höchsten Gipfel von La Réunion, ein unvergessliches Erlebnis › S. 30.
■ **Gleitschirmfliegen** – wie ein Vogel im Wind mit Blick auf das Relief der Inseln, ganz gefahrlos per Tandemflug › S. 36, 123.
■ **Unterwasserspaziergang** – mit übergestülpter Taucherglocke auf dem Meeresboden spazieren, in der Lagune von Mauritius schauen viele Fische dabei zu › S. 33.
■ **Kitesurfen** – selbst geübte Kitesurfer schwärmen von den Winden an den Küsten der drei Maskareneninseln › S. 32.

Die anregendsten Spas

Besonders hervorzuheben sind die Wellness-Zentren und Spas der folgenden Hotels, von denen einige auf Anfrage auch Tagesbesuchern offen stehen:

■ **Belle Mare Plage Hotel**, Belle Mare Plage – Massagen, Peelings, Packungen und Gesichtspflege von Shisheido im stilvollen Ambiente ❯ S. 83.

■ **Four Seasons Resort at Anahita**, Trou d'Eau Douce – die Spa-Pavillons befinden sich sowohl über dem Wasser und als auch auf dem Land, riesige Auswahl an Behandlungen für Körper und Seele ❯ S. 83.

■ **Prince Maurice Hotel**, Poste de Flacq – Yoga, Tai Chi, Wellness-Programme und Schönheit von Guerlain ❯ S. 82.

■ **The Residence**, Belle Mare Plage – Massagen und Beauty-Behandlungen von Carita auf 600 m² ❯ S. 82.

■ **Royal Palm Hotel**, Grand Baie – wunderschöne Open-Air-Anlage mit Clarins-Behandlungen, Pools, Yoga, Sauna, Dampfbad und vielem mehr ❯ S. 78.

■ **Le Touessrok Hotel**, Trou d'Eau Douce – Givenchy-Spa-Tempel mit Gesundheits-, Entspannungs- und Schönheitsprogrammen ❯ S. 83.

■ **Oberoi Hotel**, Pointe aux Piments – Wellness-Zentrum in einem herrlichen Garten mit geheiztem Pool und besonders geschmackvoll eingerichteten Behandlungsräumen ❯ S. 75.

■ Le Nessée
Grand Baie][**Tel. 674-3695 oder 263-8017**][**Fax 674-3720**
Boot mit Glasglocke im Unterwasserbereich; ca. 18 € pro Person.

Golf

Vom 9-Loch-Trainingsplatz bis zum 18-Loch-Champion-Course hält Mauritius ein großes und stetig wachsendes Angebot für Golfer bereit. Die Mauritius Tourism Promotion Authority (❯ S. 139) in Port Louis veröffentlicht die Broschüre »Mauritius für Golfer«.

■ Anahita Golf Course
Four Seasons Resort][**Anahita Tel. 402-2200**][**www.anahita.mu** 18 Loch, PAR 72

■ Le Touessrok
Ile aux Cerfs][**Trou d'Eau Douce Tel. 402-7400**][**Fax 402-7500** 18 Loch, PAR 72

■ Le Paradis
Le Morne][**Tel. 401-5050 Fax 450-5140** 18 Loch, PAR 72

■ **Maritim Hotel**
Balaclava, Turtle Bay][Tel. 204-1000][www.maritim.de/de/hotels/mauritius
9 Loch, PAR 29
■ **Tamarina Golf Estate**
Tamarina Bay][Tel. 401-3000][www.tamarinagolf.mu. 18 Loch, PAR 72
■ **Belle Mare Plage Golf Hotel & Resort**
Poste de Flacq][Tel. 402-2600][www.belle-mare-plage.de
18-Loch-Championship-Plätze, PAR 71 und 72

Wellness

Der neue Urlaubstrend sorgt dafür, dass die Luxushotels sich mit ihren
Spas geradezu übertreffen. Zum Behandlungsangebot gehören Massagen, Gesichts- und Körperbehandlungen, Shiatsu, Fußreflexzonenmas-
sage, Fußpflege, Maniküre und Haarentfernung. Oft ist ein Schönheits-
studio mit Friseursalon und ein Fitnessstudio angeschlossen. Sauna- und
Dampfbadbereiche zählen zum kostenlosen Service. Viele Wellness-
Zentren verfolgen einen ganzheitlichen Ansatz und bieten Kuren mit
Anwendungen an, die sowohl einen persönlichen Ernährungsplan wie
auch Fitnesstraining unter professioneller Anleitung umfassen.

La Réunion

Canyoning, Klettern, Wildwasserfahren und Kanuwandern

Das schroffe Inselinnere mit seinen tiefen Schluchten und zahlreichen
Wasserläufen ist ein Canyoning-Paradies von Weltformat. Ein unvergessliches Erlebnis ist z. B. die **geführte Schluchtenwanderung** mit lan-

gen Schwimmstrecken, kurzen Kletterpassagen und Abseilstrecken an der Rivière des Roches an der Ostküste. Wildwassertouren finden während der Regenzeit auf der Rivière du Mat und der Rivière des Marsouins statt. Fast alle Veranstalter sind über das Maison de la Montagne (Tel. 02 62 90 78 78) buchbar, sie bieten jeweils mehrere Aktivitäten an.

■ **Austral Aventure**
Hell-Bourg, Salazie][Tel. 02 62 32 40 29][www.creole.org/austral-aventure

■ **Ric à Ric**
13, av. du Général de Gaulle][St-Gilles-les-Bains
Tel. 06 92 86 54 85][Fax 02 62 33 19 99][www.canyonreunion.com

Wandern und Bergsport

Die bizarren Berge und grünen Hochebenen bieten sich zum Wandern an. Die Wege sind gut markiert, es gibt genaue Karten und Übernachtungsmöglichkeiten in 28 Hütten sowie bei vielen privaten Anbietern. Feste Wanderschuhe, Trinkwasser, Proviant, Sonnenschutz, Wind- und Regenschutz sowie Taschenlampe sind unerlässlich, Bergführer bieten ihre Dienste an. Touren unterschiedlicher Dauer, Informationen über den Zustand der Route sowie obligatorische Reservierung von Hütten und Mahlzeiten bucht man über das Maison de la Montagne.

■ **Maison de la Montagne**
5 bis, rue Rontaunay][St-Denis][Tel. 02 62 90 78 78][Fax 02 62 41 84 29
www.reunion-nature.com][Mo–Do 9–12 und 13–17, Fr 9–11 Uhr
(Centrale de Réservation de l'Ile de la Réunion Tourisme) Buchungen und Infos auch über die verschiedenen Tourismusbüros der Städte und Regionen.

■ **Wettervorhersage**
Tel. 3250][www.meteo.re
Information übertropische Tiefdrucksysteme: Tel. 08 97 65 01 01.

Buch-Tipp Nur auf französisch erscheint der **Wanderführer** Topoguide GR R1 und R2 mit genauen Routenbeschreibungen, Kartenausschnitten im Maßstab 1 : 50 000 sowie Informationen über Entfernungen und Transportmittel. Sehr hilfreich ist auch die IGN-Karte **Carte touristique de la Réunion** im Maßstab 1 : 100 000 (beide sind im deutschen Buchhandel erhältlich).

Paragliding und Drachenfliegen

Echt gut! Verschiedene Flugschulen bieten Kurse, Tandemflüge, Betreuung, Ausrüstungsverleih und Transfers zu Abflugpunkten an. Infos beim Maison de la Montagne (Anschrift s. oben) oder bei den Veranstaltern:

■ **Azurtech**
St-Leu][Tel. 02 62 34 91 89][Fax 02 62 38 01 86][www.azurtech.com

■ **Parapente Réunion**
Montée des Colimaçons][St-Leu][Tel. 02 62 24 87 84
www.parapente-reunion.fr

Korallensand und Badewasser

Urlauber auf **Mauritius** schwärmen von den breiten Traumstränden und kleinen Buchten mit ihrem pulvrigen Sand und türkisblauen Wasser. Mauritius ist fast vollständig von einer Korallenbarriere umgeben, die eine schützende Lagune formt. An den meisten Stränden werden zahlreiche Wassersportaktivitäten angeboten, so auch auf der ****Ile aux Cerfs** › S. 84 bei Trou d'Eau Douce (Ostküste von Mauritius), die ein beliebtes Ziel für Tagesausflüge ist. An der Südküste ist das Baden bis auf wenige Stellen (wie z. B. in Riambel bei Souillac) wegen Strömungen und Haien zu gefährlich, da hier kein Riff die Küste schützt.

Auch die Strände auf **Rodrigues** sehen toll aus, sind jedoch wegen der flachen Lagune, welche die Insel umfasst, auch bei Flut zum Baden meist ungeeignet.

Auf **La Réunion** reihen sich schöne Strände an der Westküste entlang, doch nicht überall kann gebadet werden. Am sichersten ist es in der Lagune südlich von St-Gilles, die bis nach La Saline reicht und die geringsten Strömungen aufweist.

Alle Strände auf Mauritius, Rodrigues und La Réunion sind öffentlich und werden besonders am Wochenende gerne von den Einheimischen zum Picknicken aufgesucht.

Wenn der Tag zur Neige geht

Wahrhaft spektakuläre Sonnenuntergänge erlebt man an den Stränden von Mont Choisy, Pointe aux Canonniers und am Morne Brabant von Mauritius sowie an der Lagune von L'Hermitage oder den Stränden von St-Gilles auf La Réunion.

Unterkunft

Mauritius

Die Insel ist nicht umsonst bekannt für ihre Luxushotellerie mit ausgezeichnetem Service und Küche, bietet jedoch noch viel mehr. Die Touristenhotels konzentrieren sich auf die Küstengebiete und schönsten Strandabschnitte im Norden, Osten und Westen der Insel. Seit einigen Jahren wurden auch Teile der Südküste und weitere Gebiete der Ostküste erschlossen, wo der Strand meist nicht so breit, schön und lang gestreckt ist wie an den traditionellen Touristenorten. In Curepipe, Quatre Bornes und Port Louis gibt es Stadthotels. Kein Hotelgebäude darf die umstehenden Bäume überragen, meistens sind die Anlagen architektonisch geschickt in die Vegetation integriert. Einfachere Hotels und Gästehäuser sowie Ferienapartments oder -häuser liegen oft rund um die traditionellen Ortschaften, an weniger schönen Strandabschnitten. Sie sind meist sauber und gut geführt, Restaurants und Geschäfte befinden sich stets in der Nähe. Die Preise pro Nacht und Person beginnen in den einfacheren Herbergen bei etwa 30 €, wobei die tägliche Reinigung inbegriffen ist. Bei der Auswahl einer Unterkunft kann es sinnvoll sein, die Verkehrsanbindung zu berücksichtigen – im Osten, Südwesten und Süden der Insel, wo sich vor allem Spitzenhotels befinden, sind ein Mietwagen oder ein Taxi meist unerlässlich.

Rodrigues

Es gibt nur drei bessere Hotels auf Rodrigues. Während das Pointe Venus Hotel auf einer Anhöhe thront, liegen das Cotton Bay und Mourouk Ebony Hotel an zwei der schönsten Badestrände. Die meisten anderen Unterkünfte in Form von Ferienapartments, Frühstückspensionen oder Gästehäusern sind familiär geführt, sie befinden sich nahe der Ortschaften Anse aux Anglais und Port Mathurin sowie in den Bergen. Mag der Standard auch einfacher sein, so ist der Empfang voller kreolischer Herzlichkeit und man erhält häufig Einblicke in die Lebensweise der Rodrigueais.

La Réunion

Die Vulkaninsel La Réunion offeriert das vielfältigste Angebot an Unterkünften. Neben wenigen Spitzenhotels von internationalem Standard überwiegen Mittelklassehäuser, Stadthotels und Apartmentanlagen. Viele liegen rund um die Städte und selbst diejenigen in den Badezentren befinden sich nicht alle direkt am Strand. Bis auf wenige Ausnahmen darf man hier weder Wellnesszentren noch ein riesiges Sportangebot oder einen Privatstrand erwarten, jedoch ist der Standard im

Allgemeinen hoch. Vor allem die Anlagen in den Bergen liegen oft in landschaftlich reizvoller Umgebung mit herrlichen Ausblicken auf die grandiose Natur. Die Hotels bieten neben Zimmern und Suiten häufig auch Apartments und Bungalows an. Die Preise sind gemessen an Ausstattung und Leistung relativ hoch, da die Lohnkosten viel höher sind als im Nachbarstaat.

Rund um die Ortschaften im Inselinneren und den Höhenlagen liegen Hotels, Ferienwohnungen, Frühstückspensionen *(chambres d'hôtes)*, Ferienbauernhöfe *(fermes auberge)*, Jugendherbergen *(auberges de jeunesse)*, Campingplätze, Hütten *(gîtes ruraux)* und Wanderhütten *(gîtes de montagne* oder *gîtes d'étape)*. Meistens sind es Privatleute, die Übernachtung mit Frühstück, eine Zeltmöglichkeit und oft auch typisch kreolisches Abendessen in ihrem Haus oder in einem Nebengebäude anbieten, sodass man leicht Kontakt zu Einheimischen aufnehmen kann. Die Zimmer sind meist einfach, aber sauber, gegessen wird am gemeinsamen Tisch. In den drei Jugendherbergen (Hell-Bourg, Bernica, Entre-Deux) und den zahlreichen Hütten gibt es vor allem Mehrbettzimmer mit Etagenbetten; die sanitären Einrichtungen sind einfach und müssen häufig geteilt werden. Viele Pensionen und Hütten können über die Touristeninformationen oder das Maison de la Montagne › S. 36 gebucht werden, die auch über Ausstattung und Verpflegung informieren. Vor allem bei Wanderungen sowie in der Hochsaison (Oktober bis Januar)sollte man alle Unterkünfte im Voraus reservieren und bezahlen.

Ein Unterkunftsverzeichnis ist beim Fremdenverkehrsbüro Réunion (c/o Atout France › S. 139) sowie unter www.insel-la-reunion.com erhältlich. Der regelmäßig aktualisierte Führer RUN Guide listet viele kleine Privatpensionen und Hütten auf.

Die schönsten Hotels der Maskarenen

Auf Mauritius

■ Das **Four Seasons Mauritius** bei Beau Champ ist ein nagelneues Luxushotel mit Golfplatz › S. 83.

■ Spitzenservice und gleich zwei Golfplätze bietet das **Le Prince Maurice**, (Poste de Flacq), ein Luxushotel in wunderschöner, einsamer Lage › S. 82.

■ Das **Le Touessrok** mit Golfplatz direkt an der Ile aux Cerfs hat sich zum Lieblingsziel für Flitterwöchner entwickelt › S. 83.

■ Als wunderschönes Mittelklassehotel mit Miniclub und tollem Blick präsentiert sich das **Le Preskil Beach Resort** bei Blue Bay › S. 91.

Auf Rodrigues

■ Das **Mourouk Ebony Hotel** (Anse Mourouk) ist ein typisch kreolisches Hotel mit guter Küche › S. 105.

Auf La Réunion

■ Direkt an der Lagune gelegen, lockt das **Grand Hotel (du Lagon)** (L'Hermitage) mit großem Pool und exzellenter Küche › S. 121.

Land und Leute

Steckbrief Mauritius und Rodrigues sowie
La Réunion][Die Geschichte im Überblick][Die
Menschen][Kunst, Kultur und Kunsthandwerk][
Feste und Veranstaltungen][Essen und Trinken

Mauritius und Rodrigues

Staatsform: Republik
Fläche: 2045 km²
Bevölkerung: 1,28 Mio. Einw.
Bevölkerungsdichte: 629 Einw./km²
Bevölkerungszuwachs:
ca. 0,8 % pro Jahr
Amtssprachen: Englisch und
Französisch

Arbeitslosenrate: 7,8 %
Währung: Mauritius Rupee
Landesvorwahl: 0 02 30
Zeitzone: MEZ +4 Std. (während der
europäischen Sommerzeit +3 Std.)

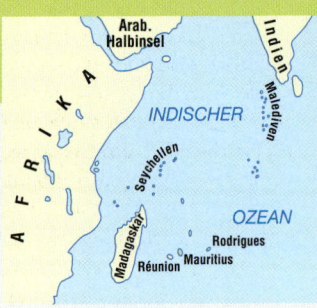

Lage und Landschaft

Zwischen dem 20. und 21. südlichen Breitengrad und ca. 900 km östlich von Madagaskar liegt die Inselgruppe der Republik Mauritius im Indischen Ozean. Zu ihr gehören neben der 1865 km² großen Hauptinsel die Inseln Rodrigues (108 km²) sowie mehrere Eilande. Entstanden sind sie vor über 8 Mio. Jahren durch gewaltige Vulkanausbrüche. Die im Laufe der Zeit zu bizarren Formen erodierten Vulkankegel erheben sich bis zu einer Höhe von 828 m (Piton de la Rivière Noire) oder ragen als Inselchen aus dem Wasser. Lavaflüsse bildeten Hochebenen und ließen die Insel nach Norden hin abflachen. Fast ganz Mauritius ist von einem schützenden Korallenriff umgeben; in der flachen Lagune herrschen ideale Bedingungen für Wassersport und Strandleben.

Staatswesen und Wirtschaft

Seit 1992 ist der Inselstaat Mauritius eine souveräne Republik mit stabiler Politik. Die Regierungsaufgaben liegen beim Premierminister und dem Kabinett, während der Staatspräsident repräsentative Funktion hat. Seit 2005 regiert eine Koalition aus MMM (Mauritian Militant Movement) und

MSM (Militant Socialist Movement), derzeit geführt von Präsident Sir Anerood Jugnauth und Premierminister Navinchandra Ramgoolam, beide wurden 2010 in Ihrem Amt bestätigt.

Seit der Unabhängigkeit (1968) hat Mauritius eine beachtliche wirtschaftliche Entwicklung erlebt, die den Bewohnern einen relativ hohen Lebensstandard ermöglicht. Die Insel profitiert vom internationalen Tourismus – jährlich kommen etwa 930 000 Gäste, darunter ca. 62 500 Deutsche –, macht sich aber nicht allein von diesem Wirtschaftsfaktor abhängig.

Die Niederländer brachten 1650 die ersten Zuckerrohrsetzlinge nach Mauritius und schenkten der Insel damit eine leicht anzubauende, sturmresistente und nachwachsende Nutzpflanze, aus der leckerer Rum destilliert wird. Jahrzehntelang war Zucker wichtigstes Exportgut, heute werden auch Mais, Kartoffeln und Erdnüsse sowie verschiedene tropische Früchte zunehmend für den Export angebaut. Hinzu kommt die Produktion und Ausfuhr von hochwertigen Textilien und Elektrogeräten. Mit der Diversifizierung der Wirtschaft gelang es, die Arbeitslosenrate binnen 30 Jahren um zwei Drittel zu senken.

Natur

Früher bedeckten ausgedehnte Wälder die Insel, bevölkert von Riesenschildkröten, Krokodilen und einer Vielzahl an Vögeln. Seefahrer räuberten in Wald und Flur, setzten Schweine und Ziegen aus und führten Javahirsche und Wildschweine ein, die noch heute beliebte Jagdziele darstellen. Von den Schiffen gelangten unvermeidlicherweise auch Ratten an Land und richteten großen Schaden in den Nestern der Vögel an. Der fortschreitenden Besiedelung und dem Schiffsbau fielen jahrhundertealte Urwaldriesen zum Opfer. Überreste der ehemals großen Ebenholzwälder finden sich beispielsweise im Nationalpark Gorges de la Rivière Noire.

Heute säumen schnell wachsende australische Kasuarinen *(Filao)* die Strände; Banyanbäume (Würgerfeigen) und Palmen wurden angepflanzt. Es gedeihen eingeführte Früchte wie Bananen, Brotfrucht, Mango, Papaya, Guave, Litschi und Ananas, die den ursprünglichen Inselbewuchs ersetzen. Den weitaus größten Teil der Insel nehmen Zuckerrohrfelder ein, die – anders als Baumwoll- und Kaffeepflanzen – auch tropische Stürme unbeschadet überstehen. Im Hochland um Bois Cheri gibt es einige Teeplantagen.

Auf Mauritius leben keine gefährlichen oder giftigen Tiere. Eingeführte Affen turnen durch die Waldgebiete um die Rivière Noire. Von der einst so vielfältigen Vogelwelt haben im Gegensatz zum Dodo ❯ S. 65 die unter Naturschutz stehende Rosa Taube und der Mauritius-Turmfalke *(Kestrel)* überlebt. Schnorchler und Taucher sind von der Unterwasserwelt begeistert; an manchen Stellen ist das Riff gut erhalten geblieben.

Die Geschichte im Überblick

10. Jh. Arabische Seefahrer landen auf Mauritius.

1511 Der Portugiese Domingues Fernandez betritt als erster Europäer die Insel.

1598–1710 Die Niederländer nehmen die Insel in Besitz und taufen sie zu Ehren des Prinzen Moritz von Oranien auf den Namen Mauritius.

1691–1695 Französische Hugenotten versuchen vergeblich, die Insel Rodrigues zu besiedeln.

1715 Kapitän Guillaume Dufresne nimmt den begehrten Stützpunkt Mauritius für Frankreich in Besitz. Er wird in Ile de France umbenannt, erste Besiedlungsversuche starten 1721.

1735 Frankreich schickt Mahé de Labourdonnais als Gouverneur auf die Maskarenen. Der sehr aktive und ideenreiche Mann begründet den Aufschwung in der Region.

1810 Im August gelingt es den Franzosen in der Schlacht am Vieux Grand Port, die angreifenden Briten zu besiegen. Im Dezember desselben Jahres unterliegen sie jedoch den Briten endgültig. Die Insel wird in Mauritius umbenannt.

1835 Befreiung der Sklaven; ihren Platz nehmen Lohnarbeiter aus Indien ein. Der Zuckerrohranbau boomt, und Port Louis entwickelt sich zu einer schmucken Kolonialstadt. Ende des 19. Jhs. dezimieren Cholera- und Malariaepidemien die Bevölkerung, Zyklone verwüsten die Insel, und ein Großteil von Port Louis fällt einem Feuer zum Opfer.

1958 Das uneingeschränkte allgemeine Wahlrecht wird eingeführt. Die Arbeiterpartei unter Sir Seewoosagur Ramgoolam erringt ihre ersten großen Erfolge.

1968 Mauritius wird von Großbritannien in die Unabhängigkeit entlassen.

1976 Nach ersten Wahlen bleibt der 1969 zum Premierminister ernannte Sir S. Ramgoolam im Amt.

1992 Ausrufung der Republik.

1993 Port Louis wird Freihafen.

1995 Aus den Wahlen geht die Mauritian Labour Party (MLP) als Sieger hervor.

1999 Ausschreitungen zwischen der hinduistischen Bevölkerungsmehrheit und den Kreolen.

2002 Rodrigues erhält ein eigenes Regionalparlament.

2006 Viele Mauritier erkranken am Chikungunya-Fieber; die monatelange Epidemie gerät im Laufe des Jahres unter Kontrolle.

2008 Der Berg Le Morne im Südwesten wird von der UNESCO zum Weltkulturerbe ernannt.

2010 Im Mai gewann die Zukunftsalliaz *(Alliance de l'avenir)* unter Führung von Premierminister Ramgolaam erneut die Wahlen und die Mehrzahl der Parlamentssitze.

Die Menschen

Als die Niederländer 1598 Mauritius in Besitz nahmen, fanden sie ein unbewohntes Paradies vor. Auf den Sklavenmärkten von Ostafrika erstanden sie ab 1638 die für die Urbarmachung der Insel benötigten Arbeitskräfte, die unter menschenunwürdigen Bedingungen ihr Leben in der Fremde fristen mussten. Nach dem Verbot der Sklaverei und der Übernahme der Verwaltung durch die britische Krone wurden ersatzweise Tausende indischer Lohnarbeiter nach Mauritius gebracht. Aus Europa siedelten sich im Laufe der Jahre wohlhabende Familien an, aber auch Abenteurer und Entwurzelte, die eine neue Heimat suchten. So entstand allmählich ein buntes Kaleidoskop aller Hautfarben und Religionen.

Etwa 60 % der heute rund 1,26 Mio. Einwohner zählenden Bevölkerung ist indischer Abstammung (Hindus und Muslime). Die 20 000 Franco-Mauritier und 300 000 Kreolen, Nachkommen europäischer und afrikanischer Einwanderer, bekennen sich zum römisch-katholischen Glauben. Mauritier chinesischer Herkunft (ca. 6 %) sind meist Buddhisten. Im Vielvölkerstaat, wo Mischehen eher die Ausnahme bilden, ist die Toleranz jedoch so groß, dass die einen die Feste der anderen mitfeiern. Die Nachkommen der indischen Einwanderer pflegen traditionelle Zeremonien, die selbst im Herkunftsland in dieser Form oft nicht mehr praktiziert werden, z. B. die Geißelung mit Nadeln und Spießen zur Läuterung.

Mauritier sind mindestens dreisprachig. Die meistgesprochene Sprache der Insel ist Kreolisch. Im Gegensatz zu den offiziellen Sprachen Englisch und Französisch ist sie bis heute noch nicht verschriftlicht und wird auch nicht unterrichtet.

Das *Créole* der Bewohner von Rodrigues ist stärker französisch geprägt, da es auf der abgelegenen Insel weniger englische und indische Einflüsse gab. Viele Mauritier indischer Herkunft sprechen weiterhin Hindi, Urdu, Singhalesisch oder Tamil, einige Muslime beherrschen Arabisch oder Urdu.

Menschen aller Hautfarben leben auf Mauritius

Kunst, Kultur und Kunsthandwerk

Musik und Tanz

Den Sklaven waren eine eigene Religion, Feste, Tänze und vor allem Musik untersagt. Allenfalls heimlich trafen sie sich auf den Feldern oder am Strand, um zu tanzen und ihre Trommeln zu schlagen. So entstand die Séga, die heute im gesamten kreolischen Kulturraum verbreitet und auch bei Touristen sehr beliebt ist. Der Tanz ist ein Wechselspiel zwischen Mann und Frau, die einander hüftschwingend umwerben und

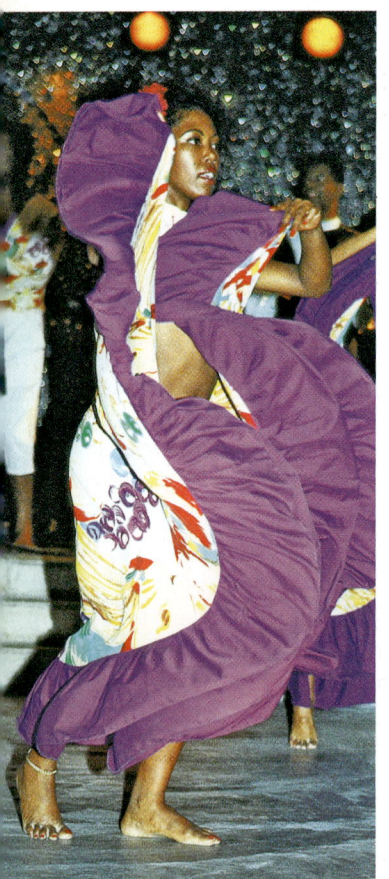

zu temperamentvollen Soli aus der Gruppe hervortreten. Die Frauen tragen einen weiten, bunten Stufenrock und eine kurze Bluse, die die Taille freilässt. Die Männer treten in knielangen, engen Hosen und einem langärmeligen Hemd auf.

Nachdem indische Musik und Tanz auf Mauritius fast in Vergessenheit geraten waren, erleben beide derzeit eine Renaissance. Tanzschulen unterrichten die traditionellen Tänze, und das Radioprogramm wird von indischen Melodien bestimmt.

Architektur

Viele prächtige Kolonialvillen sind inzwischen verfallen oder wurden von Zyklonen zerstört. Ihre Erhaltung ist aufwändig und kostspielig und wird oft privat finanziert. Am besten lässt sich die typische Bauweise im Museum **Maison Créole Euréka** ❭ S. 75 nachvollziehen, in dem auch Mobiliar des 19. Jhs. zu sehen ist. Charakteristisches Stilelement ist die umlaufende Veranda, die die Holzhäuser ebenso vor Regen wie vor zu starker Sonneneinstrahlung schützt.

Séga-Tänzerin

Literatur

Mauritius kann zwar nicht auf eine lange Tradition von weltbekannten Literaten zurückblicken, dennoch hat es eine lebendige Schreibkultur. Voller Stolz verweisen die Menschen auf Schriftsteller wie Malcolm de Chazal, Marie Thérèse Humbert, Carl de Souza und den jungen Alain Gordon Gentil, die in ihren Werken oft historische und soziale Themen aufgreifen. Allgegenwärtig sind Paul und Virginie, die Hauptfiguren des gleichnamigen Romans von Bernardin de St. Pierre, der auf Mauritius spielt. Nobelpreisträger Jean-Marie Le Clézio, Genéviève Dormann und Loys Masson wohnen nicht mehr auf Mauritius, aber viele ihrer Romane spielen hier. Bücher in kreolischer Sprache gibt es kaum, auch

Die Ravane unterstreicht den Rhythmus der Séga

in indischen Sprachen wird nur gelegentlich etwas veröffentlicht.

Buch-Tipp Zur Einstimmung oder als Strandlektüre empfehlen sich die Romane **Zaubervogel** (1992), **Ich bringe dir den Sturm** (1994) und **Die Gespielin** (1995) von Geneviève Dormann. Alle Romane spielen auf Mauritius oder Rodrigues und sind im Ullstein Taschenbuch-Verlag erschienen. Einen guten Einblick in die Eigentümlichkeiten von Mauritius liefert das Buch **Der Segatanz unter dem Flammenbaum** (2005, Picus Verlag) von Stefan Slupetzky. Die genannten Titel sind nur noch antiquarisch erhältlich.

Malerei, Kunsthandwerk und Mode

In der Kunst überwiegt die Darstellung von fein ausgemalten Pflanzen- und Blütenmotiven sowie die naiven, farbenfrohen Darstellungen von Häusern und Szenen aus dem Alltagsleben. Tonangebend war der mauritische Maler Malcolm de Chazal (1902–1981). Verschiedene Galerien bieten Kunstdrucke seiner Werke und auch die Arbeiten vieler junger mauritischer Künstler an, darunter Max Boullée, Marcel Lagesse, Jac Desmarais, Hervé Masson und Véronique Leclézio. Ein breites Angebot findet sich in der Galérie d'Art in Port Louis. An mehreren Orten der Insel hat die Kunstliebhaberin Hélène de Senneville Galerien eröffnet (Port Louis, Grand Baie, Curepipe).

Regelrechte Kunstwerke sind die sorgfältig gearbeiteten, maßstabge-treuen Modellschiffe *(maquettes)*, die in verschiedenen Werkstätten nach historischen Vorbildern in Handarbeit entstehen. Die wertvollsten Exemplare werden in der größten Manufaktur in Goodlands gefertigt (❯ S. 76). In der internationalen Modewelt werden die Designer aus Mauritius immer gefragter. Ihre Entwürfe tragen zwar meist die Label bekannter Marken (❯ S. 77), aber inzwischen gibt es auch einheimische Modemacher.

Feste und Veranstaltungen

Yaum un Nabi dient dem Gedenken an den Propheten Mohammed. Muslime begehen dieses Fest zwölf Tage lang mit Gottesdiensten; der Termin wird nach dem Mondkalender festgelegt. Gleiches gilt für **Eid el Adha** – an diesem islamischen Feiertag zu Ehren Abrahams, der Gott seinen Sohn opfern wollte, werden Lämmer und Schafe geschlachtet und verspeist.

Die Blaue Mauritius – ein weltbekannter Irrtum

Das Jahr 1840 erlebte die Geburtsstunde der Philatelie, als in Großbritannien die Briefmarke eingeführt wurde. Sieben Jahre später sollte auf Mauritius die größte Sensation der Philatelie geboren werden: die Blaue und die Orange Mauritius. Stuart Brownrigg, der Postdirektor der damals britischen Kolonie, erteilte dem Graveur Joseph Osmond Barnard aus Port Louis den Auftrag, Druckplatten für eine One-Penny- und eine Two-Pence-Marke anzufertigen. Irrtümlich jedoch stichelte Barnard statt der üblichen Worte »Post Paid« »Post Office« neben das Konterfei der Queen und ließ jeweils 500 Exemplare drucken. 300 der One-Penny-Marken kaufte Lady Gomm, die Frau des Gou-verneurs Sir William Gomm, um mit ihnen die Einladungen zu einem Ball zu frankieren.

Drei dieser Briefe sind bis heute erhalten. Insgesamt existieren weltweit noch 13 orangefarbene One-Penny- und 12 blaue Two-Pence-Marken. Je eine ziert den Umschlag eines bisher ungeöffneten Briefes, der 1993 für 2,5 Mio. Euro ersteigert wurde! Im gleichen Jahr erstand ein privates Kon-sortium für immerhin 1,5 Mio. Euro die einzige ungestempelte Orange und eine der letzten drei ungestempelten Blauen Mauritius, um ihnen einen würdigen Platz in ihrer Heimat zu sichern. Diese liegen jetzt im neuen Blue Penny Museum in Port Louis – hier wie im Postal Museum sind auch Kopien ausgestellt (❯ S. 72).

Das **chinesische Neujahr** begehen die Sino-Mauritier im Januar/Februar in großem Spektakel mit einem Frühlingsfest. Bei Umzügen werden 15 Tage nach dem Neujahrstag Feuerwerke angezündet, um böse Geister zu vertreiben, Drachen und Löwen tanzen durch die Straßen; **Ougadi** heißt dieses Drachenfest. Etwa zur gleichen Zeit wird **Cavadee,** das Büßerfest der Tamilen, mit Prozessionen und rituellen Waschungen begangen. Um sich zu läutern, fasten die Gläubigen schon Tage zuvor. Einige Prozessionsteilnehmer durchbohren Zunge und Wangen mit Nadeln, laufen mit nagelgespickten Holzpantinen und treten mit bloßen Füßen den Gang über glühende Kohlen oder scharf geschliffene Schwerter an.

Zu **Maha Shivaratree,** dem Hindufest, bewegt sich Ende Februar die mit über 300 000 Pilgern größte Prozession des Jahres in die Berge zum heiligen See Ganga Talao (Grand Bassin), dessen Wasser – wie das des Ganges – alle Sünden abwäscht. **Holi** heißt das Wasserfest der Hindus (März). Aus Freude über den Tod der Hexe Holika werden Strohpuppen verbrannt und Süßigkeiten verschenkt, es wird getrommelt, getanzt und übermütig farbiges Wasser verspritzt.

Am 9. September pilgern Christen zum Sarkophag des 1979 heilig gesprochenen Priesters **Père Laval** in der Kirche Ste-Croix im Nordosten von Port Louis. Der »Apostel von Mauritius« genannte Priester setzte sich für Sklaven, Kranke und Arme ein.

Das hinduistische Lichterfest **Divali** gilt dem Sieg über die Finsternis, als Rama Ravana schlug und Krishna den Dämonen Narakasuran besiegte. Im ganzen Land leuchten im Oktober/November Öllämpchen, Kerzen und bunte Glühbirnen.

Kurz darauf ziehen Hindus zu **Ganga Asnan** mit Opfergaben an den Strand, um ein Bad im Meer zu nehmen. Da es auch das heilige Wasser des Ganges aufnimmt, glaubt man an eine reinigende Wirkung. **Teemeedee** nennen die Tamilen die mehrmals im Jahr abgehaltenen Büßerfeste zu Ehren hinduistischer Gottheiten. Während dieser Zeremonien laufen Männer und Frauen barfuß über glühende Kohlen (❯ S. 58).

Beim Holi-Fest der Hindus bespritzt man sich mit farbigem Wasser

Essen und Trinken

Multikulti im kreolischen Kochtopf

Afrikanische, indische und orientalische Einflüsse vermischen sich in der kreolischen Küche, die mit ihren raffinierten Zutaten auch Gourmets begeistert. In den Kochtöpfen der Einheimischen sind die kulinarischen Einflüsse der verschiedenen Bevölkerungsgruppen spürbar. Chinesische gebratene Nudeln *Mine Frite* oder gekochte *Mine Bouille* sind ein beliebter Snack um die Mittagszeit. Frischer Fisch, lokales Gemüse, Geflügel und Fleischarten sowie Tomaten (von den Mauritiern *Pommes d'amour* bzw. Liebesäpfel genannt) und Gewürze wie Safran, Curcuma, Vanille oder die Gewürzmischung Massala finden sich in den traditionellen Gerichten wieder. Ziegenfleisch ist eine sehr herzhafte Spezialität. *Daube* bezeichnet ein soßenreiches Eintopfgericht, während *Rougail* Fleisch mit einer Tomatensoße meint. *Cari* und *Vindaye* sind weitere Nationalgerichte, bei denen Fleisch in einer Soße serviert wird. Das Reisgericht *Biryani,* das einer Paella ähnelt, wird oft bei Festen angeboten. Geflügel wird auf Mauritius sehr geschätzt, ein beliebtes Gericht ist *Poulet au Massala.*

Fangfrischer Fisch ist vor allem gegrillt ein Gedicht

Zu den Grundbeilagen der kreolischen Küche gehören Reis, *Grains secs* (Bohnen oder Linsen), zerkochte Grünpflanzen, *Brèdes* genannt, und *Chatini*, eine rohe Tomaten-Chili-Mischung. Fangfrisch gekochte oder gegrillte Fische und Meeresfrüchte sind auch sehr beliebt. Auf Rodrigues schmeckt der einheimische Tintenfisch *Ourite* besonders lecker und wird in vielen Variationen angeboten. Im Allgemeinen ist die einheimische Küche zwar würzig, aber nicht zu scharf. Wer es etwas schärfer haben möchte, kann nach eigenem Ermessen frisch zubereitetes *Chatini* oder *Achards*, mit Safran gewürzten Rohkostsalat, hinzufügen. Die französische Küche hat nicht nur in den köstlichen Desserts ihre Spuren hinterlassen, sondern auch in feinen Soßen und beim täglich frischen Baguette, das bei den meisten Mahlzeiten gereicht wird.

Zu den besonderen Inselspezialitäten, die Touristen aber selten vorgesetzt bekommen, gehören Salat aus Palmenherzen, geräucherter Schwertfisch *Marlin,* Felsenaustern, *Cari* vom Javahirsch, Babyfische *Bichiques,* geröstete Wespenlarven und Cari No. 2, hinter dessen Name sich Affencurry verbirgt.

Fruchtcocktails

Tropische Früchte sind unvergleichlich saftig und schmackhaft, die Hochsaison ist im Sommer, wenn die leckere Litschi-Frucht reif ist.

Probieren Sie aus dem reichhaltigen Angebot der Märkte doch einmal Tamarinden, Minibananen oder die kleinen roten Goyaves de Chine, die sie auch auf Wanderungen oder bei Ausflügen in den Wäldern finden können. Ananas von der Insel sind besonders süß und saftig, Mangos, Papayas und Bananen im Überfluss vorhanden. Viele dieser Früchte werden auch in leckeren *Punchs* und anderen Rumgetränken verwendet.

Echt gut!

Die schönsten Restaurants und Lokale

■ In der **Domaine Les Pailles** unweit von Port Louis verwöhnen vier Restaurants mit hervorragender chinesischer, indischer, italienischer, kreolischer und internationaler Küche › S. 75.

■ Das **Le Pescatore** (Trou aux Biches) mit Meeresblick, Terrasse und guter Weinkarte wartet mit einer der besten Küchen von Mauritius auf › S. 78.

■ Im **Le Capitaine** (Grand Baie) genießt man europäische und kreolische Köstlichkeiten direkt am Meer. Grillspezialitäten, Fisch und Meeresfrüchte › S. 80.

■ In einem stilvollen Kolonialhaus von 1819 serviert das freundliche Team des **Le Saint Aubin** (Rivière des Anguilles) mittags schmackhafte kreolische Menüs › S. 92.

■ Das **Varangue sur Morne** (Chamarel) offeriert erlesene Inselspezialitäten mit Blick auf die gesamte Westküste. Das kreolische Menu im Table d'Hôte-Stil ist ein Genuss für Augen und Gaumen › S. 94.

Steckbrief

La Réunion

Staatsform: Französisches Übersee-Département (Département d'Outre Mer, DOM)
Fläche: 2522 km²
Bevölkerung: 790 000 Einw.
Bevölkerungsdichte: 318 Einw./km²
Bevölkerungszuwachs: ca. 2 % pro Jahr
Amtssprache: Französisch

Arbeitslosenrate: ca. 30 %
Währung: Euro
Landesvorwahl: 0 02 62
Zeitzone: MEZ +3 Std. (während der europäischen Sommerzeit +2 Std.)

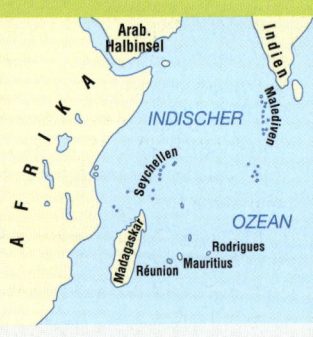

Lage und Landschaft

Wie Mauritius gehört auch die 170 km westlich gelegene Insel La Réunion zur Gruppe der Maskarenen. Vulkanausbrüche und Erosion haben ihr zerklüftetes Relief geformt. Zum Baden eignen sich nur wenige Strandabschnitte im Westen. In der Inselmitte erhebt sich der erloschene Vulkan Piton des Neiges (3069 m). Landschaftlich besonders reizvoll sind die drei ihn umgebenden riesigen Talkessel *(cirques)* von Cilaos, Mafate und Salazie. Der aktive Vulkan Piton de la Fournaise (2631 m) im Südosten brach zuletzt im April 2007 aus.

Zwischen den beiden Massiven erstrecken sich die Hochebenen Plaine des Cafres und Plaine des Palmistes. Mit ihrem Reichtum an immergrüner tropischer Vegetation wirkt diese Bergwelt bizarr und geheimnisvoll.

Natur

Réunion gleicht einem immensen botanischen Garten, der seinen Artenreichtum der Vielzahl von Mikroklimazonen verdankt. Hier wachsen Palmen, Bambus, Farne, Moose, Tamarinden, Orchideen und viele andere Blütenpflanzen. Die Pflanzen stammen meist aus Madagaskar und Afrika; Nutzpflanzen und zahlreiche Blumen wurden aus aller Welt eingeführt. Hervorragend wachsen Vanille,

Tabak und Zuckerrohr, aus Geranien wird Parfümessenz gewonnen. Schnell wachsende japanische Fichten und Filaos sollen den Boden vor Erosion bewahren und den Bedarf an Bauholz decken. Tropische Obstsorten gedeihen während des ganzen Jahres, ebenso Gewürze wie Pfeffer, Muskat, Koriander, Ingwer, Gewürznelken, Zimt und Kardamom sowie über 100 Heilpflanzen. In den Tieflagen mussten die Wälder dem Zuckerrohr weichen, dennoch ist die Insel noch immer mit viel Wald gesegnet, der 40 % der Inselfläche bedeckt.

Im März 2008 wurden die Gebiete um den Vulkan, die drei Talkessel, Grand Bassin, die Primärwälder und die Hochebenen offiziell zum »Nationalpark von La Réunion« erklärt. Er erstreckt sich im Landesinneren über eine Fläche von 1750 km², die sich in eine innere und eine äußere Zone unterteilt. Die Umwidmung zum Nationalpark dient dem Schutz der Flora und Fauna, die in diesem einmaligen Kultur- und Naturraum gedeiht; gleichzeitig ist geplant, das Freizeitangebot auf der Insel zu erweitern und die Informationsmöglichkeiten für Einheimische und Besucher zu verbessern.

Spektakuläre Tiere gibt es an Land kaum, die Meeresfauna ist jedoch sehr artenreich. Viele Tierarten wurden bereits in vergangenen Jahrhunderten ausgerottet, darunter Riesenlandschildkröten, Krokodile, der Dodo und weitere Vogelarten.

Verwaltung und Wirtschaft

Seit 1946 ist Réunion als Übersee-Département (Département d'Outre Mer, DOM) ein Verwaltungsbezirk Frankreichs. Ein Staatskommissar/Präfekt aus Paris vertritt die Interessen des Mutterlandes. Zwei lokale Gremien, der Generalrat (conseil général) und das Regionalparlament (conseil régional), entscheiden über wirtschaftliche, soziale und kulturelle Fragen. Die Insel ist mit fünf Abgeordneten in der französischen Nationalversammlung und im Senat mit drei Senatoren vertreten.

Das sturmresistente Zuckerrohr beherrscht die Wirtschaft, obwohl der Anbau von Früchten den Erzeugern mehr Geld einbringt. Heute werden auf Réunion pro Jahr etwa 1,9 Mio. t Zuckerrohr geerntet, aus dem die Destillerien der Insel jährlich 17 000 Hektoliter Rum erzeugen. Auf einer Fläche von 2600 ha werden Vétivier- und Geranienpflanzen für die Parfümindustrie angebaut. Auch die wertvolle Bourbon-Vanille zählt zu den Exportgütern.

Von der Milch bis zum Weizenmehl müssen viele Lebensmittel und auch andere Konsumgüter eingeführt werden, entsprechend viele Menschen beschäftigt der Inselhafen Le Port. Ein wichtiger Arbeitgeber auf der Insel ist auch die Forstverwaltung. Mit Finanzhilfen und Entwicklungsprogrammen aus Frankreich hat sich Réunion in den letzten Jahren stetig modernisiert.

Die Geschichte im Überblick

Anfang des 16. Jhs. Portugiesische Seefahrer entdecken die Insel.

1649 Die Franzosen annektieren die Insel und nennen sie nach dem Königshaus Ile Bourbon.

1735 Gouverneur Mahé de Labourdonnais lässt Straßen, Häfen und Befestigungsanlagen ausbauen.

1793 Der Name Ile de la Réunion wird eingeführt.

1796 Frankreich verlangt die Abschaffung der Sklaverei, doch die Réunionais halten sich nicht daran. Napoleon spricht 1802 den Einwohnern das Recht zu, weiterhin Sklaven zu halten. Zum Dank wird die Insel in Ile Bonaparte umbenannt.

1806–1810 Zyklone zerstören Häuser und alle Kaffeeplantagen. 1810 besetzen die Briten Réunion.

1814 Nach dem Friedensschluss in Paris verbleibt die Insel im Besitz Frankreichs.

1815 Mit dem vermehrten Anbau von Zuckerrohr beginnt die Ära der Zuckerbarone *(Gros Blancs)*.

1848 Die Insel erhält ihren Namen Ile de la Réunion zurück; endgültige Abschaffung der Sklaverei.

Um 1900 Erster Anbau von Geranien zur Gewinnung von Parfümöl; der Export von Vanille steigt auf 20 t im Jahr.

1946–1948 Réunion wird französisches Übersee-Département. Ein heftiger Zyklon tobt auf der Insel und fordert fast 200 Todesopfer.

1986–1989 Der Zyklon Clotilda verwüstet weite Teile der Insel. Papst Johannes Paul II. besucht Réunion.

1991 Auf Grund von sozioökonomischen Spannungen kommt es zu Ausschreitungen in St-Denis.

1998–2006 Häufige Ausbrüche des Piton de la Fournaise.

2006 Viele Inselbewohner erkranken am eingeschleppten Chikungunya-Fieber, nach einigen Monaten sinkt die Zahl der Neuerkrankungen auf Null.

2007 Der Vulkan Piton de la Fournaise bricht im April so stark aus, dass die Lava bis ins Meer fließt.

2008 Im Inselinneren wird im März ein Nationalpark eingerichtet.

2010 Im Juli erhebt die UNESCO großer Teile der Insel zum Weltnaturerbe.

Auf Réunion wachsen tropische Früchte besonders gut

Die Menschen

Fast die Hälfte der 770 000 Einwohner sind jünger als 20 Jahre. Nach dem Zweiten Weltkrieg verbesserten sich die Lebensbedingungen auf der Insel, und die Bevölkerungszahl verdoppelte sich innerhalb von 30 Jahren. Menschen aller Hautfarben haben sich zu einem Volk vermischt, das sich heute aus Nachkommen von indischen, chinesischen und europäischen Einwanderern oder afrikanischen Sklaven sowie aus Mischlingen zusammensetzt. In der Verwaltung, im Schul- und Gesundheitswesen arbeiten viele Franzosen aus dem Mutterland, die oft nur einige Jahre auf der Insel weilen.

Französisch ist die offizielle Amtssprache und im öffentlichen Leben überall verbreitet. Die Mehrheit der einheimischen Bevölkerung spricht jedoch im Alltag Créole, ein eigenständiges Idiom mit französischen Wurzeln und Adaptionen aus afrikanischen und europäischen Sprachen.

Alle Weltreligionen sind auf Réunion vertreten: Hinduismus, Christentum, Buddhismus und Islam; der größte Teil der Bevölkerung ist römisch-katholisch. Farbenfrohe tamilische Tempel stehen neben chinesischen Pagoden und prächtigen Kirchen. Die Inselbewohner tolerieren ihre andersgläubigen Nachbarn und nehmen sogar Anteil an deren Festen. Neben den großen Weltreligionen spielt der Aberglaube seit jeher eine wichtige Rolle.

In einer Bar in St-Pierre

Kunst, Kultur und Kunsthandwerk

Musik

Auf La Réunion sind verschiedene Musikrichtungen zu Hause, vor allem die Séga und die Maloya. Obwohl Popmusik, Rock, Zouk und Reggae auch hier viel gehört werden, hat die Insel innovative Musikgruppen hervorgebracht, die die überlieferten Musikstile bewahren und weiterentwickeln. So gibt es neben reinen Traditionsgruppen auch solche, die Tradiertes mit zeitgemäßer Instrumentierung kombinieren. Zu den beliebten Musikern zählen Ti-Fock, Danyel Waro, Baster, Ziskakan oder Salem Tradition.

Séga-Tanzpaar

Tanz

Die Menschen von Réunion tanzen überall dort spontan Séga, wo die Musik erklingt. Rhythmisch mit den Hüften schwingend, bewegen sich die Tänzer mit- und umeinander im Takt. Die Maloya ist weniger melodisch, der Tanz nicht reglementiert. Einen wahren Aufschwung erfuhr in den letzten Jahren der Moring, ein an Kampfsport erinnernder Sklaventanz, bei dem die Männer ihre Kraft unter Beweis stellen. Ein ausgesprochenes Revival erleben auch indische Tänze, die in Tanzschulen unterrichtet werden. Die Gelegenheit, einer Tanzvorstellung beizuwohnen, sollte man sich nicht entgehen lassen.

Literatur und Theater

Wer als Literat über die Grenzen Réunions hinaus Erfolg haben möchte, muss französisch schreiben; kreolische Literatur verkauft sich nur lokal. International bekannt wurde im 19. Jh. der Dichter Leconte de Lisle. Er wurde in St-Paul geboren und begraben, lebte jedoch überwiegend in Paris. Axel Gauvin (geb. 1944) erhielt zahlreiche Auszeichnungen für seine Romane und Gedichte in kreolischer und französischer Sprache.

Die Theaterszene Réunions wird von einheimischen Komödianten beherrscht, die Sketche in kreolischer Sprache vortragen. Gelegentlich finden auch Gastspiele oder Aufführungen einheimischer Ensembles in französischer Sprache statt.

Buch-Tipp Axel Gauvin, **Kindheitshunger** (1995, nur antiquarisch); **Wenn du aufwachst, bin ich da** (1997), beide Peter Hammer Verlag.

Architektur

Kreolische Häuschen *(cases créoles),* weiß getüncht oder in fröhlichen Farben, prägen die Architektur. Ursprünglich waren sie einschließlich des Daches ganz aus Holz gebaut, die einfacheren mit Stroh gedeckt. Inspiriert von der Baukunst Indiens, Madagaskars und der karibischen Antillen entstand eine vielfältige Ornamentik aus Blättern, Blüten und geometrischen Mustern, die sich vor allem in den kunstvollen Dächern zeigt. Diese sind mittlerweile nicht mehr aus Stroh gefertigt, sondern aus Wellblech und mit weißen Girlanden *(lambrequins)* für den Dachabschluss verziert. Ein üppiger Garten voller Blumen und tropischen Pflanzen, bewacht von einer Marienstatue in einem kleinen Schrein, umgibt das typische Haus.

Die kreolischen Villen *(villas créoles)* sehen mit ihren säulenbegrenzten Veranden sehr herrschaftlich aus. Zum zentralen Eingang führt eine Auffahrt, die oftmals mit Skulpturen oder griechischen Vasen geschmückt ist. Viele kreolische Villen und Häuser stehen inzwischen unter Denkmalschutz. Ein Komitee wacht über den Erhalt der letzten Originalbauten aus dem vergangenen Jahrhundert. In Hell-Bourg, Entre-Deux und in St-Denis kann man einige historische Villen bewundern.

Kunsthandwerk

Viele der auf Märkten angebotenen Produkte stammen aus Madagaskar, vom afrikanischen Festland oder aus Asien. Auf Réunion hergestelltes Kunsthandwerk ist oft teurer und zumeist auch hochwertiger. Viele Kleinkünstler und Betriebe erschaffen kleine und große Kunstwerke aus Leder, Holz, Körnern, Flechtmaterial, Zuckerrohr, Duftessenzen, Stoff, Edelmetallen und Papier. Eine gute Auswahl bieten das Kunsthandwerkerdorf Village artisanal in L'Eperon oberhalb von St-Gilles und die Galerie Artisanale im Carrefour-Einkaufszentrum an der Autobahn zwischen St-Denis und dem Flughafen. Auch in oder neben den Touristeninformationen werden oft lokal hergestellte kunsthandwerkliche Artikel zum Verkauf angeboten.

Korbflechterin bei der Arbeit

Feste und Veranstaltungen

Das ganze Jahr über wird auf Réunion irgendwo gefeiert. Es gibt viele religiöse Feste, aber auch ortsspezifische wie das **Vacoa- und Palmenfest** in Basse Vallée bei St-Philippe (August), das **Orchideenfest** in St-André (September) oder das **Blumenfest** in Le Tampon (Oktober). Katholische Feste und Hochzeiten werden ausgiebig gefeiert. Feste der hinduistischen Bevölkerung wirken exotisch und bunt; die Feiertage der muslimischen Bevölkerung werden, obwohl sie große Bedeutung haben, eher im Stillen begangen. Menschen aller Konfessionen treffen sich auf Dorffesten, bei denen man oft lokale Spezialitäten probieren kann.

Echt gut!

Im Januar feiern die Hindus Tempelfeste, bei deren **Marche sur le feu** einige wagemutige Festteilnehmer barfuß über glühende Kohlen gehen. Auch beim **tamilischen Neujahrsfest** im April werden indische Tänze und Feuerläufe veranstaltet. **Maha Shivaratree** wird von den Hindus im Februar mit rituellen Waschungen und einer farbenprächtigen Prozession begangen (St-Denis, St-André). Das tamilische Fest **Cavadée** mit eindrucksvollen Prozessionen in St-André dauert zehn Tage, der genaue Termin richtet sich nach dem Mondkalender. Im November findet **Dipavali** statt, ein tamilisches Lichterfest mit Tanzvorführungen in St-André und anderen Orten. Im Februar wird in St-Denis und St-Pierre das **chinesische Neujahrsfest** gefeiert.

Im Juni ist besonders viel los: Zu **Pfingsten** besteigen Tausende Gläubige den Piton des Neiges, um an der katholischen Messe auf dem Gipfel teilzunehmen. Beim **Fest der Musik** gibt es Konzerte auf der ganzen

Marche sur le feu – spektakuläre Feuergänge

Im Rahmen des hinduistischen Tempelfests Pandialé finden die Feuergänge *la marche sur le feu* in den verschiedenen südindischen Tempelanlagen Réunions statt, hauptsächlich in der Zeit von Dezember bis Januar und im Juni/Juli. Nach 21-tägiger Fastenzeit und ritueller Waschung im Fluss zieht eine blumengeschmückte Prozession zum Tempel, wo der Priester und einige männliche Gemeindemitglieder über glühende Kohlen laufen.

Daneben werden Nahrungsmittel und Tiere geopfert (nichts für schwache Nerven), und alle ehren die Göttin Pandialé, bitten um ihren Schutz und um Stärke.

Die Feste finden nicht an festgelegten Tagen statt, man erfährt Orte und Termine durch Nachfragen bei Einheimischen, in Touristeninformationen oder gelegentlich auch durch die Presse.

Dipavali, ein tamilisches Licherfest, wird in St-André gefeiert

Insel. St-Gilles-les-Bains feiert **Karneval**, gefolgt vom **französischen Nationalfeiertag** (14. Juli) mit Feuerwerk und Umzügen.

Auch sportliche Ereignisse sorgen für Aufregung, so der Ultra-Cross-Lauf über die ganze Insel **Le Grand Raid,** bei dem Bewerber aus der ganzen Welt antreten, oder das **Wildwasserfest** in St-Benoît. Am 20. Dezember feiert ganz Réunion mit Straßenkonzerten das **Fest zur Sklavenbefreiung.**

Essen und Trinken

Kreolische Küche à la Française

Europäische, afrikanische, chinesische und indische Einflüsse verleihen der kreolischen Küche Exotik und Raffinesse; frische Zutaten und Kräuter geben ihr die Würze. In den traditionellen Gerichten finden sich die lokalen Gemüse-, Geflügel- und Fleischarten sowie Gewürze wie Safran oder Vanille wieder. Der Ozean hält täglich frische Fische und Meeresfrüchte im Überfluss bereit. Die zwei Standardgerichte der kreolischen Küche heißen *Rougail* und *Cari*. Dabei handelt es sich um Eintöpfe in einer Sauce aus Tomaten, Zwiebeln und anderen Zutaten, wobei der *Cari* weniger Sauce hat. Eine der exklusivsten Zutaten sind Palmenherzen, die zwar äußerst lecker sind, bei deren Verzehr man jedoch nicht vergessen sollte, dass eine ganze Palme dafür sterben musste.

Zu den Grundbeilagen gehören Reis, *Grains* (Bohnen oder Linsen) und *Rougail Tomate*, eine scharfe Tomaten-Chili-Mischung. Als kleiner Snack zwischendurch empfehlen sich *Samoussas*, gebackene Teigtaschen mit Fleisch- oder Gemüsefüllung, und *Bouchons*, chinesische Fleischbällchen im dünnen Teigmantel gedünstet. Zu den besonderen, seltenen Spezialitäten gehören Gerichte mit so ungewöhnlichen Zutaten wie *Baba Figue,* die Blüte der Bananenbäume, Babyfischchen *(Bichiques)* oder Wespenlarven.

Wer sich gern kulinarisch verwöhnen lässt, hat auf La Réunion die Qual der Wahl. Eine Vielzahl von Restaurants und Cuisines geben sich auf der Insel ein Stelldichein. Die meisten Restaurants bieten kreolische und chinesische Speisen an. Die Bezeichnung *métro* bedeutet französisch-europäische Küche (aus der Metropole). Daneben gibt es zahlreiche indische und italienische Restaurants. Sehr lohnend ist der Besuch in einem der feinen Restaurants, die

Echt gut!

Die schönsten Restaurants und Lokale

■ Im **Le Reflet des Iles** (Saint Denis) genießt man authentische kreolische Küche und interessante Dessertkreationen ❯ S. 116.
■ Das **Le Saint-Gilles** (St-Gilles-les-Bains) lockt Gourmets an, die frische Meeresfrüchte und Fischgerichte schätzen ❯ S. 122.
■ Das **Le Vani-La** (Bras Panon) wird seinem Namen gerecht und lockt mit Spezialitäten rund um die Vanille ❯ S. 132.
■ Kreolische Kost im stilvollen Rahmen eines alten Herrenhauses ist die Zauberformel der **Hostellerie de la Confiance** (St-Benoît) ❯ S. 133.
■ **Le Makassar,** das Gourmetrestaurant des Palm Hotel & Spa mit Blick auf die Bucht Grand Anse, überzeugt mit neuer kreolischer und französischer Küche ❯ S. 136.

französische Küche mit lokalen Einflüssen bereichern. Eine ausführliche Restaurantliste findet sich in dem kostenlosen Heft RUN Guide, welches in Touristeninformationen erhältlich ist.

Salade des fruits

Réunion bietet eine große Auswahl an unvergleichbar saftigen und schmackhaften tropischen Früchten. Ganzjährig gibt es die aromatischen Minibananen, zuckersüße Ananas und blutorangerote Papayas; ausgefallener sind Tamarinden, Litschis, Longanis (ähnlich der Litschi, nur kleiner) oder die dunkelroten, stachelbeergroßen Goyavier-Früchte, von denen die Büsche entlang vieler Wanderwege nur so überquellen. Ein wichtiges Inselprodukt ist die qualitativ ausgezeichnete Vanille, die auch in vielen Gerichten verwendet wird.

Getränke

Aus dem aus Zuckerrohr gewonnenen Rum werden durch Zugabe von Kokos, exotischen Früchten oder Vanille leckere **Punchs und stärkere Rhums arrangés** hergestellt, am besten sind die hausgemachten *Punch maison*. In der Region um Cilaos wird dem Gast ein süßer Wein angeboten, eine Kuriosität. Der Wein dient aber lediglich dem Eigenbedarf und kann nur beim Erzeuger gekauft werden. Man schreibt ihm eine nachhaltig benebelnde Wirkung zu. Handelsüblicher Wein kommt entweder aus dem Mutterland Frankreich oder wird aus Südafrika importiert. Biertrinker sollten das beliebte *Bière Bourbon* mit dem Spitznamen *Dodo* probieren. Überall werden auch Limonaden und Mineralwasser angeboten.

Snacks, nicht nur für den kleinen Hunger zwischendurch

Unterwegs auf Mauritius, Rodrigues und La Réunion

Entdecken Sie die einzelnen Reiseregionen –
jeweils mit den schönsten Touren, allem
Sehens- und Erlebenswerten, Hotel-,
Restaurant- und Shoppingtipps

Mauritius:
Der Norden und Osten

Nicht verpassen!

- Ein Rundgang durch Port Louis
- Das Badeparadies Ile aux Cerfs
- Ein Segeltörn zu den Inselchen im Norden
- Das Nachtleben in Grand Baie
- Ein Besuch im Botanischen Garten von Pamplemousses

Zur Orientierung

Die meisten Urlauber zieht es in den **Norden**: Rund um die Ortschaft Grand Baie pulsiert das Leben Tag und Nacht. Aus kleinen Fischerdörfern haben sich lebendige Urlaubsorte mit einer breiten Palette an Einkaufszentren, Restaurants, Bars, Unterkünften, Unterhaltungs- und Sportmöglichkeiten entwickelt. Bootsausflüge auf die kleineren vorgelagerten Inseln Coin de Mire, Ile Plate, Ilot Gabriel und Ile d'Ambre mit ihren tollen Schnorchelrevieren starten von hier aus.

Der Norden ist mit seinen smaragdgrünen Buchten und Traumstränden die wärmste und sonnigste Gegend der Insel. Abseits der Ferienzentren Trou aux Biches, Mont Choisy, Grand Baie und Péreybère erhält man Einblicke in das ursprünglichere Mauritius. Ein Muss sind Ausflüge nach Pamplemousses in den bezaubernden Botanischen Garten mit Abstecher in das Zuckermuseum sowie eine Tour in die quirlige Inselhauptstadt Port Louis, die von Norden her gut zu erreichen ist.

Die Hafenstadt Port Louis präsentiert sich kosmopolitisch: Ein buntes Völkergemisch belebt die Straßen und die schönen Markthallen; Moscheen stehen neben Tempeln, Kirchen und Pagoden. Der Charme kolonialer Prachtbauten verzaubert, doch nicht weniger beeindruckend ist die postmoderne Architektur der Einkaufs- und Geschäftszentren.

Vom Wind umschmeichelt, liegt die **Ostküste** etwas abseits der Hauptrouten, auch wenn sich hier einige der schönsten Ferienanlagen und Golfplätze der Insel befinden. Endlose Strände, Trauminseln, Zuckerrohr, Felsen und Wälder: Entlang dieser Küste, die schon im 17. Jh. von den Holländern besiedelt wurde, erlebt man eine Synthese der verschiedenen Landschaften und Kulturen. Besonders untouristisch und wildromantisch zeigt sich die Küste zwischen Poste de Flacq und Poudre d'Or sowie südlich von Trou d'Eau Douce.

Der Dodo kannte keine Feinde

Ein etwas plumper, truthahnähnlicher Vogel mit einem riesigen Schnabel lebte einst friedlich und ohne natürliche Feinde auf den unbesiedelten Inseln Mauritius, Rodrigues und Réunion. Wegen seines runden Hinterteils nannten die ersten niederländischen Seefahrer ihn Dodo. Da sich rasch herumsprach, welch schmackhaften Braten der Vogel abgab, und er mit seinen Stummelflügeln nicht davonfliegen konnte, war er bald bis zum letzten Exemplar verspeist. Im Jahre 1681 soll der letzte Dodo lebend gesehen worden sein.

Touren in der Region

Die Städte im Inseleinneren

⟨6⟩ Port Louis ⟩ Eureka ⟩ Curepipe ⟩ Floréal ⟩ Vacoas ⟩ Quatre Bornes ⟩ Rose Hill ⟩ Beau Bassin ⟩ Port Louis

Länge: 1 Tag
Praktische Hinweise: Wegen der verwirrenden Streckenverläufe und fehlender Beschilderung in den städtischen Gebieten empfiehlt sich ein Wagen mit Fahrer.

Von Port Louis fahren Sie auf der Schnellstraße in die Universitätsstadt Moka und folgen den Schildern zur alten Kolonialvilla Eureka. Im nahen Museum ***Maison Créole Euréka ⟩** S. 75 kann man das sehr schön renovierte Kolonialherrenhaus besichtigen.

Auf der Schnellstraße geht es vorbei an Phoenix, wo die großen Gebäude der Brauerei Mauritius Breweries ins Auge fallen, nach **Curepipe.** Die zweitgrößte Stadt der Insel (65 000 Einw.) in 400 bis 600 m Höhe lockt mit angenehmem Klima. Den Stadtkern dominieren markante Gebäude britischen Stils, und in den Vororten liegen elegante Villen in gepflegten Gartenanlagen. Curepipe bietet gute Einkaufsmöglichkeiten und Restaurants mit internationaler Küche. Empfehlenswert ist ein Stadtrundgang, der an der Markthalle mit ihrem großen An-

gebot an Obst und Gemüse beginnt. Gleich nebenan, gegenüber dem Rathaus, steht das berühmte Bronzedenkmal für Paul und Virginie von Prosper d'Epinay. Auch die Kirche Ste-Thérèse d'Avila mit imposanter Deckenkonstruktion lohnt den Besuch. Wer zum Shoppen anreist, sollte beachten, dass die Geschäfte in Curepipe donnerstags und sonntags am Nachmittag geschlossen sind.

Lohnenswert ist die Fahrt zum **Trou aux Cerfs,** einem erloschenen, kreisrunden Vulkankrater mit einem kleinen See im Schatten alter Bäume. Vom Kraterrand lassen sich die Stadt und ihre Umgebung gut überblicken.

Im Vorort **Floréal,** 3 km westlich von Curepipe, sollte man das Einkaufszentrum Floréal Square mit Café und interessantem Textilmuseum sowie das unterhalb liegende Shibani Center nicht versäumen. In diesem Ortsteil werden viele Strickwaren produziert. Von hier geht es über Vacoas nach **Quatre Bornes,** einer auf 300 m Höhe gelegenen Stadt, in der tagsüber viel los ist. Sonntags und donnerstags findet hier vormittags ein riesiger Kleidermarkt statt. Der Übergang in die Schwesterstädte Rose Hill und Beau Bassin scheint nahtlos, und zu Stoßzeiten geht es recht stockend voran – über 250 000 Menschen leben allein in diesem Ballungszentrum. Neben modernen Einkaufszentren findet man hier auch traditionelle Geschäfte. Schon Ende des 19. Jh. war diese Gegend ein beliebtes Rückzugsge-

Echt gu

Ferienanlage mit Pool direkt am Strand von Mont Choisy

biet reicher Städter vor der Hitze der Küstengebiete. Einige schöne, alte Kolonialhäuser in den Nebenstraßen zeugen von dieser Zeit; in der Arab Town von Rose Hill erlebt man inseltypisches Flair mit kleinen Boutiquen im Basar-Stil. Von Beau Bassin führt die Straße A 1 zurück nach Port Louis.

Rund um die Nordspitze

7 ▬ **Trou aux Biches ›** **Grand Baie › Cap Malheureux › Goodlands › Pamplemousses › Pointe aux Piments › Trou aux Biches**

Länge: 1 Tag, 53 km
Praktische Hinweise: Planen Sie genügend Zeit ein, denn es gibt auf dieser Rundfahrt viel zu besichtigen.

Von Trou aux Biches folgt man der Küstenstraße nach Norden bis zur **Pointe aux Canonniers** mit mehreren Hotels und Privathäusern, vorbei am beliebten öffentlichen Strand von Mont Choisy. Im Ort **Grand Baie ›** S. 78 ist immer viel los, vor allem nachts – tagsüber leuchtet jedoch die Bucht mit den vielen Booten besonders blau. Wer baden möchte, sollte den kleinen Strand von **Péreybère** › S. 78 aufsuchen.

Ab hier verläuft die Straße an den Mauern von Privathäusern vorbei bis nach **Cap Malheureux.** An der Nordspitze von Mauritius landete 1810 die britische Marine, um auf dem Landweg nach Port Louis vorzustoßen. Die direkt an der Küste gelegene Kapelle Notre-Dame Auxiliatrice mit ihrem knallroten Dach und den vorgelagerten ****Inseln Coin de Mire,**

Ile Plate und **Ilot Gabriel** › S. 80 ist ein beliebtes Fotomotiv. An der Küste entlang geht es bis **Grand Gaube.**

Im Norden zeigt sich die Küste rauer als zuvor. Hier leben seit jeher Fischer, die auf Anfrage hinüber zur **Ile d'Ambre** fahren. Sie ist mit immergrünem Filaos bewachsen; in den flachen Gewässern zwischen der Küste und der kleinen Insel werden Austern gezüchtet.

Die Tour führt nun ins Landesinnere nach **Goodlands,** Heimat der Schiffsmodellwerkstatt Historic Marine. Ausstellung und Werkstatt verblüffen durch die Präzision, mit der die Modelle nach detaillierten Bauplänen maßstabgerecht nachgebaut werden (› S. 76). Von hier geht es in

6

Die Städte im Inselinneren
Port Louis › Eureka › Curepipe › Floréal › Quatre Bornes › Port Louis

7

Rund um die Nordspitze Trou aux Biches › Grand Baie › Cap Malheureux › Goodlands › Pamplemousses › Pointe aux Piments › Trou aux Biches

8

Wo der Hochlandtee wächst
Mahébourg › Bois Cheri › Grand Bassin › Mare Vacoas › Mahébourg

9

Durch den wilden Süden
Mahébourg › Rivière des Anguilles › Rochester Falls › Morne Brabant

10

Natur pur im Südwesten Flic en Flac › Chamarel › Gorges de la Rivière Noire › Quatre Bornes › Flic en Flac

68

Coin de Mire

Cap Malheureux
Cap Malheureux
Anse La Raie

Pointe aux
Canonniers
Péreybère **7**
Petit Raffray
Grand Gaube
Mont Choisy **7**
Grand
Baie **6**
Goodlands
Ile d'Ambre
Trou
aux Biches **5**
Grande Pointe
aux Piments
Triolet **9**
Belle Vue
Harel
Labourdonnais
Poudre
d'Or
Balaclava
Mapou
Beau Plan
7
Pample-
mousses **7**
Rivière du
Rempart
Roches
Noires
8
Belle Vue
Maurel
Port
Louis
Notre-Dame
Amaury
L'Aventure
Poste
de Flacq
1
Domaine
Les Pailles
2
Pieter
Both
823
La Nicolière
Bon Accueil
Centre de
Flacq
Belle Mare Plage
812
Le Pouce
Moka
Belle Mare **10**
Beau
Bassin
3 Euréka
Moka
Le Réduit
4
Quartier
Militaire
Trou d'Eau
Douce
Rose-Hill
11
Ile de l'Est
Quatre
Bornes
MONTAGNE BLANCHE
Beau
Champ
Ile aux Cerfs
12
13
Vacoas
Floréal
Montagne
Blanche
Pointe
de la Batterie
Grand Rivière Sud-Est
Trou aux
Cerfs
Curepipe
Grand Rivière Sud-Est
MONTAGNE BAMBOUS
La
Marie
Ylang-Ylang
Distillery
Pointe
du Diable
Mare aux
Vacoas
Montagne Lagrave
638
Kestrel
Valley **14**
15
Naturpark
Le Val
17
Montagne
du Lion
480
Anse
Jonchée
Nouvelle
France
St.
Hubert
Ferney
Montagne
de Creoles
369
Vieux
Grand
Port
La Flora
Rose-
Belle
Riche en Eau
Mahébourg
Le Pétrin
24
Bois
Chéri
16
Ile aux Aigrettes
Grand
Bassin
771
Montagne
Cocotte
Plaine
Magnien
Pointe d'Esny
18 Blue Bay
Chemin
Grenier
Rivière des
Anguilles
L'Escalier
Le Souffleur
Rochester
Falls
Surinam
St. Aubin
La Vanille
20
Pointe
aux Roches
19
Souillac
Cap Gris Gris
Riambel

Grand Rivière Sud-Est

R. des Créoles
R. la Chaux
R. du Poste
R. des Anguilles
R. du Poste

die kleine Küstensiedlung **Poudre d'Or.** Am felsigen Ufer erinnert ein einfacher Gedenkstein an den Untergang des Schiffes Saint Géran am 18. August 1744, auf dem die Liebenden Paul und Virginie ihr Leben verloren (❯ S. 47). Landeinwärts fahren Sie durch schier endlose Zuckerrohrfelder nach **Pamplemousses** ❯ S. 80, wo der **❋❋Botanische Garten** und ein Zuckermuseum zur Erkundung einladen. Auf kleinen Nebenstraßen geht es über Moulin à Poudre nach **Balaclava** an die Küste. Außer in den Strandhotels ist hier nicht viel los. In der Baie aux Tortues, der Bucht vor den Hotels Maritim und Oberoi, liegen sehr schöne Schnorchelgründe. Die Straße führt nach Norden zur Pointe aux Piments, dessen nach Süden verlaufender Sandstrand auch von Hotels gesäumt wird. Ab hier ist die Küste stärker von Lavafelsen durchsetzt, bis einige Kilometer weiter nördlich der lange Sandstrand von Trou aux Biches beginnt.

Verkehrsmittel

Port Louis hat zwei **Busbahnhöfe:** Busse nach Norden und Nordosten fahren von der Place de l'Immigration etwas nördlich des Zentralmarkts ab, Linien in die Inselmitte, den Süden und Südwesten beginnen an der Place Victoria gegenüber der Caudan Waterfront. Am besten fragt man sich durch, denn das System der Buslinien ist für Europäer nicht leicht zu durchschauen.

⚠ Expressbusse sind oft nur unwesentlich teurer, aber viel schneller als die regulären Busse.

Die **Passagierschiffe** *MS Mauritius Pride* und *MS Mauritius Trochetia* verbinden Port Louis mit den Nachbarinseln La Réunion und Rodrigues (❯ S. 27).

Taxis sind in großer Zahl vorhanden. Sie verfügen zwar in der Regel über ein Taxameter, weigern sich aber meist, dieses einzuschalten, und verhandeln den Preis lieber individuell oder halten sich an Listen mit festgelegten Tarifen zu bestimmten Zielen. Einigen Sie sich unbedingt vor Fahrtantritt auf den Preis. **Autofahrer** parken am besten auf den bewachten Parkplätzen (geringe Parkgebühr) an der Caudan Waterfront und erkunden die Innenstadt zu Fuß.

Wichtige Adressen

■ **Touristeninformation,** an der Esplanade neben dem Hafenbecken, Tel. 208-6397; Mo–Fr 9–16, Sa 9–12 Uhr. Stadtpläne und Auskünfte über die Stadt.
■ **Mauritius Tourism Promotion Authority (MTPA),** Victoria House, St. Louis Street, Port Louis, Tel. 210-1545, Fax 212-5142, mtpa@intnet.mu, www.tourisme-ilemaurice.mu. Mo–Fr 9–16 Uhr. Hier gibt es umfangreiches Infomaterial und die Broschüre »What's on in Mauritius«.
■ **Air Mauritius,** Air Mauritius Centre, 5, President J. Kennedy Street, Port Louis, Tel. 207-7070.

Unterwegs im Norden und Osten

Port Louis ❶

Den Besucher von Port Louis erwartet kein verträumter Ort mit restaurierten Kolonialbauten, sondern eine brodelnde Hafenstadt mit dichtem Autoverkehr und geschäftigen Menschen. 170 000 Einwohner zählt die kosmopolitische Metropole im Nordwesten der Insel, täglich kommen zusätzlich Tausende zur Arbeit her. Dank des Hafens entwickelte sich die Stadt zu einem internationalen Handelszentrum und dem wichtigsten Arbeitsplatz der jungen Republik. Inmitten des Trubels lassen sich aber auch einige lauschige Winkel entdecken, die an vergangene Zeiten erinnern.

Geschichte

Die hufeisenförmige Bucht, durch eine Bergkette gut vor Passatwinden geschützt, bot die besten Voraussetzungen für einen Ankerplatz. Verständlich, dass hier die Segelboote der Piraten des Indischen Ozeans vor Anker gingen und die Ostindien-Gesellschaft

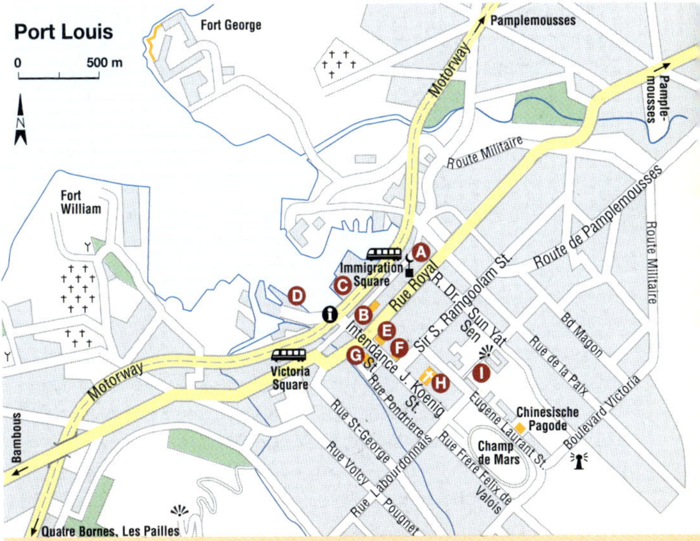

Port Louis

0   500 m

Fort George

Pamplemousses

Motorway

Route Militaire

Route de Pamplemousses

Route Militaire

Fort William

Fort
William

Immigration
Square Ⓐ

Rue Royal

R. Dr. Raingoolam St.

Sir S. Ramgoolam St.

Sun Yat Sen

Ⓓ ❶ Ⓑ

Ⓔ

Intendance J. Koenig St.

Ⓖ Rue Pondriarée

Victoria
Square

Ⓗ

Eugène Laurent St.

Rue de la Paix

Bd Magon

Boulevard Victoria

Bambous

Motorway

Rue St-George

Rue Voley Labourdonnais

Rue Pougner

Rue Félix de Valois

Rue Frère Félix de Valois

Chinesische
Pagode

Champ
de Mars

Quatre Bornes, Les Pailles

Ⓐ Jummah-Moschee
Ⓑ Zentralmarkt
Ⓒ Hauptpost
Ⓓ Caudan Waterfront
Ⓔ Regierungspalast

Ⓕ Stadttheater
Ⓖ Natural History Museum
Ⓗ St-Louis-Kathedrale
Ⓘ Fort Adélaide

Posten bezog. Aber erst die Übersiedlung des Gouverneurs Mahé de Labourdonnais von La Réunion nach Mauritius brachte 1735 den Aufschwung im Port Nord-Ouest, der später zu Ehren des französischen Königs in Port Louis umbenannt wurde. Als Denkmal schaut der Gouverneur heute noch von seinem Sockel auf den Hafen der Stadt. Zyklone und Brände zerstörten große Teile von Port Louis, in den 1990er-Jahren entstanden moderne Verwaltungsgebäude und glitzernde Hochhäuser. Jeden Tag verstopfen Autos und Mopeds die im 18. Jh. rechtwinklig angelegten Straßenzüge der Stadt; auf den Bürgersteigen drängen sich die Menschen. Ab 18 Uhr allerdings wirkt Port Louis wie ausgestorben, nur an der Caudan Waterfront treffen sich die Nachtschwärmer.

Am Hafen entlang

Von pakistanischen und indischen Handwerkern Ende des 19. Jhs. errichtet, ist die *Jummah-Moschee 🅐 heute wegen ihrer kostbaren Ausstattung vermutlich das wertvollste historische Bauwerk der Insel. Ohne Schuhe dürfen Fremde den Vorhof betreten und einen Blick in die Gebetshalle werfen.

Rund um die Rue Dr-Sun-Yat-Sen, etwas nördlich der Moschee, liegen die engen Gassen des **Chinesenviertels.** Im Erdgeschoss der Häuschen aus der Zeit um 1900 befinden sich kleine Läden, wo mit Lebens- oder Arzneimitteln, Schmuck oder Elektro-

geräten gehandelt wird; viele Restaurants servieren authentische asiatische Köstlichkeiten zu günstigen Preisen.

Der **Zentralmarkt 🅑** ist Treffpunkt und Umschlagplatz für Informationen. Hier kann man das lokale Warenangebot für die tägliche Versorgung in Augenschein nehmen und neben Obst und Gemüse, Fleisch, Geflügel und Fisch, Gewürzen und Tee auch Lederwaren, Körbe, Kleidung und Spielzeug sowie andere Souvenirs erstehen (Mo–Sa 6 bis 18, So 6 bis 12 Uhr; am besten frühmorgens). Seien Sie vorsichtig mit Geld und Wertgegenständen – der turbulente Markt ist wie anderswo auf der Welt auch ein beliebtes Terrain für Taschendiebe.

Im schönen Steingebäude der alten **Hauptpost 🅒** (Quay Street), gegenüber vom Markt, befindet sich das kleine **Postal Museum** mit einer Briefmarkensammlung (auch Kopien der Blauen und Orangen Mauritius), geöffnet Mo–Fr 9–16, Sa 9–11.30 Uhr.

1 Südlich des Hafens lockt die moderne **Caudan Waterfront 🅓** Einheimische wie Touristen an. Der Komplex im Kolonialstil ist das postmoderne Prunkstück der Hauptstadt mit zahlreichen Geschäften, Restaurants, Kinos, einem Kunsthandwerkszentrum und Kasino sowie einem Luxushotel (❯ S. 73). Das hier angesiedelte **Blue Penny Museum** zeigt seltene Briefmarken, darunter die berühmte Blaue und Orange Mauritius ❯ S. 48, sowie

Exponate zur Geschichte der Insel
(Mo–Sa 10–17 Uhr).

Südlich des Hafens

Der **Regierungspalast**  ist das
älteste noch erhaltene Gebäude
auf der Insel. Die prächtigen Räu-
me werden nur bei Staatsempfängen genutzt. Das Marmor-
standbild vor dem Government
House stellt Queen Victoria dar.
Das neoklassizistische **Stadttheater** mit dem Säulenportal erlebte während der Kolonialzeit
glanzvolle Jahre. Derzeit wird es
gelegentlich für Tanzvorführungen und Theaterstücke in kreolischer Sprache genutzt. In der nahen Vieux Conseil Street belegen
die Aufnahmen im **Musée de la
Photographie,** wie die Stadt vor
100 Jahren aussah. Die große
Sammlung umfasst auch Kame-
ras, Negative und Daguerreoty-
pien (Mo–Fr 9–15 Uhr). Im kleinen **Jardin de la Compagnie** fällt
ein altes Gebäude mit einer von
Säulen flankierten Loggia auf, das
Mauritius Institute. 1880 als Kul-
turzentrum errichtet, beherbergt
es heute im Erdgeschoss das **Natural History Museum** (Na-
turhistorisches Museum). Präpa-
rierte einheimische Vögel und
Fische, eine Nachbildung des
Dodo (> S. 65) und Schmetter-
lingssammlungen vermitteln einen Überblick über die Inselfauna
(Mo, Di, Do, Fr 9 bis 16, Sa/So 9
bis 12 Uhr).

Stadtauswärts Richtung **Pfer-
derennbahn** (Champ de Mars)
steht die katholische **St-Louis-
Kathedrale**, die älteste Kirche

Auf dem Zentralmarkt kann man
fast alles bekommen

der Stadt. In dem eher unscheinbaren grauen Gebäude wurden
die Frau und der Sohn des Gou-
verneurs Mahé de Labourdonnais
beigesetzt. Über der Stadt thront
die 1834–1840 von den Briten errichtete Zitadelle **Fort Adélaide**. Von hier genießt man einen fantastischen Blick über die
ganze Stadt und die umliegenden
Berge. Das Innere ist nicht zugänglich.

Hotels

■ **Le Suffren Hotel & Marina**
Le Caudan
Tel. 202 4900
www.lesuffrenhotel.com

Modernes Stadthotel am Hafen.
100 geräumige Zimmer, Bar, Restaurant und Pool. ●●—●●●

■ **Le Labourdonnais**
Caudan Waterfront
Tel. 202-4000
www.labourdonnais.com
Elegantes Businesshotel an der Caudan Waterfront, 109 im Empire-Stil ausgestattete Zimmer. ●●●

■ **Carri Poulé**
Duke of Edinburgh Avenue
Tel. 212-1295
Indisches Lokal in Marktnähe mit elegantem Ambiente, Mittagstisch. Fr/Sa auch abends geöffnet, So geschl. ●●●

■ **Café du Vieux Conseil**
Vieux Conseil Street
Tel. 211-0393
Nettes Restaurant mit Snacks und kreolischen Gerichten, herrlicher Garten, nur Mittagstisch. Sa/So geschl. ●●

■ **La Bonne Marmite**
18, Sir William Newton Street
Tel. 212-2403
Indische, europäische und kreolische Gerichte in einem Kolonialhaus. Sa/So geschl. ●●

Shopping

■ **Einkaufszentren Caudan und Dias Pier Waterfront**
Am Hafengelände
Beste Auswahl an Musik, Literatur, Schmuck, Kunst, Kleidung, Schuhen und vielem mehr (**>** S. 77).

■ **Tulsidas Fils**
41, S. Rangoolam St.
Tel. 240-2672
Seide in Hülle und Fülle sowie indische Saris. Filiale im India Handloom House (Baroda Bank, Tel. 208-4484).

Nightlife

Le Caudan Waterfront
Am Hafengelände
Tel. 211-9500
www.caudan.com
Dank der Kinos und Restaurants sowie des Kasinos ist hier auch abends Betrieb.

Ausflug zur Domaine Les Pailles **2** und nach Euréka **3**

Südlich von Port Louis, am Fuß der Mokaberge, liegt die **Domaine Les Pailles.** Auf dem Areal wurde ein Freilichtmuseum im Stil einer alten Plantage errichtet. Per Geländewagen gelangt man hinauf in die Berge, um Hirsche und Affen zu beobachten. Pferde stehen für Ausritte bereit; ein kleiner Zug fährt zur Zuckermühle und historischen Rumdestillerie; das Maskenmuseum zeigt Exponate aus aller Welt. In Spezialitätenrestaurants wird man kulinarisch verwöhnt, abends öffnet ein Kasino seine Tore (tgl. 9–17 Uhr, Tel. 212-4225 auch für Reservierungen in den Restaurants, www. domainelespailles.net).

2 Im nahen Kolonialhaus ***Maison Créole Euréka** lohnt ein Blick in die stilvoll eingerichteten Räumlichkeiten. Wer zum Teetrinken auf der schattigen Veranda mit ihren zierlichen Holzsäulen verweilt, kann gut nachempfinden, wie die wohlhabenden Plantagenbesitzer einst gelebt haben. Ein Restaurant sowie Verkaufsstände mit Briefmarken und Gewürzen gehören zum

Museum (Tel. 433-8477; geöffnet
Mo bis Sa 9–17, So 9–15.30 Uhr,
www.maisoneureka.com).

Restaurants

■ **Le Clos St. Louis**

Domaine Les Pailles][**Tel. 286-4225**
Kreolische und französische Gour-
metküche, Cocktails und Zigarren in
stilvollem Rahmen. So geschl. ●●●

■ **Indra**

Domaine Les Pailles][**Tel. 286-4225**
Indische Küche vom Feinsten, sehr
ansprechende Dekoration und guter
Service. So geschl. ●●●

Blick vom Hausberg Pouce
auf Port Louis

Von dort kann man weiterfahren
nach **Moka** ∎, wo sich die Universität von Mauritius befindet.
Der ehemalige Gouverneurspalast
Le Réduit (1778 erbaut) westlich
der Stadt ist jetzt Sitz des
Staatspräsidenten und so haben
bei Staatsempfängen nur gelade-
nen Gästen Zutritt. Entgegen
langjährigen Gepflogenheiten
kann das Gelände nur noch ein-
mal im Jahr besichtigt werden.

Choisy ein besonders bei Famili-
en beliebter Picknickplatz.

Hotels

■ **The Oberoi**
Pointe aux Piments
Tel. 204-3600
www.oberoihotels.com

Bergtouren

Geübte Wanderer lockt unweit von
Port Louis der 812 m hohe **Pouce.**
Auf einem guten Pfad erreicht man
von der Vallée du Pouce südlich
der Hauptstadt in ca. 3 Std. den
Gipfel. Den markanten Nachbar-
berg **Pieter Both** (823 m) sollte
man wegen einiger riskanter Klet-
terstellen besser mit einem Bergführer erklimmen. Anfragen über
Connections, Crater Lane, Floréal,
Tel. 696-9933, Fax 696-8999,
www.connections.mu (Reiseunter-
nehmen unter deutscher Leitung,
organisiert auch Naturausflüge
und Kombireisen nach Réunion).

Trou aux Biches ∎

Rund um den Ort und weiter bis
Grand Baie reihen sich Hotels
und Bungalowanlagen aneinander. Die in der Lagune ankernden
Boote gehören zum zweitgrößten
Sportfischerklub der Insel, Le
Corsaire (Tel. 265-5209). Ein **lan-**
ger Sandstrand mit Schatten
spendenden Kasuarinenhainen
erstreckt sich von Trou aux Biches
6 km nach Norden bis **Pointe aux**
Canonniers; am Wochenende ist
der öffentliche Strand von Mont

Special

Fundgrube für Schnäppchenjäger

Mauritius ist ein wahres Einkaufsparadies! In den letzten Jahrzehnten entwickelte sich vor allem die Textilindustrie, sodass heute zahlreiche namhafte Designer Teile ihrer Kollektionen auf der Insel fertigen lassen. Liebhaber historischer Segler werden an den nach Originalplänen gebauten Schiffsmodellen *(maquettes)* ihre Freude haben. Und wenn Sie Goldschmuck und Diamanten lieben, sollten Sie auch danach Ausschau halten.

Schiff ahoi

Der Stolz des einheimischen Kunsthandwerks ist die detailgetreue Herstellung von Schiffsmodellen. Seit dem Erfolg der ersten Kunstwerke von José Ramar ab 1960 sind verschiedene Manufakturen entstanden, die von Hand gefertigte Modelle jeder Größe und Qualität anbieten. Vergleichen und handeln Sie! Von organisierten Fahrten ist abzuraten, da die Führer die Fertigungsstätten nach der Höhe ihrer Kommission auswählen.

Besonders hochwertig sind die Schiffsmodelle aus der **Manufaktur Historic Marine** in Goodlands (Tel. 283-9304, Mo–Fr 8–12, 14–17 Uhr, Eintritt kostenlos; www.historic-marine.com). Hier kann man nicht nur zwischen unzähligen Modellen aller Preisklassen wählen, sondern sogar den geschickten Fingern beim Zusammenbau der 1000 Einzelteilchen zusehen.

⚠ Obwohl die Verkäufer zuweilen das Gegenteil behaupten, ist die Beförderung eines größeren Schiffsmodells im Handgepäck des Flugzeugs nicht immer möglich. Es entstehen oft hohe Kosten, ebenso bei der Einfuhr ins Heimatland. Informieren Sie sich vor Ort genau bei der Fluggesellschaft über die Beförderungsbedingungen.

Anzug nach Maß

Binnen 48 Stunden kann man sich einen Maßanzug schneidern lassen, z. B. bei **Karl Kaiser, Cotton Club** oder **House of Caustat** (Läden in den Einkaufszentren).

⚠ Angeblich günstigere Geschäfte mit einem Duty-Free-Aufkleber halten nicht unbedingt, was sie versprechen. Ein Einkauf ist nur gegen Vorlage des Reisepasses und des Flugtickets möglich.

Mode und Accessoires

Auf Mauritius kann man sowohl seine Sommer- als auch Winterkollektion aufstocken. Firmen wie Cerruti, Esprit und Max Mara oder Karl Kaiser (in Europa firmiert er unter dem Label Hugo Boss) produzieren vor Ort. Gute Label sind auch Maille Street, Harris Wilson oder Lorenzo Bugatti. Modische Oberbekleidung, Anzüge, Jeans, Krawatten, Kleider, Wollpullis, Bade- und Kindermoden – lassen Sie Platz in Ihrem Gepäck, denn vieles ist um die Hälfte günstiger als in Europa. In immer mehr Boutiquen und Einkaufszentren, auf Märkten oder in Factory Shops direkt beim Hersteller kann man nach Herzenslust in Markenware stöbern.

⚠ Achten Sie dabei unbedingt auf die Verarbeitung und handeln Sie! Nicht nur auf Märkten und an Ständen, sondern auch in den landestypischen Boutiquen sind die Preise flexibel.

Shopping-Tipps

■ **Caudan Waterfront**
Port Louis. Großer Einkaufs- und Vergnügungskomplex mit über 70 Geschäften aller großen Marken; Kleidung, Schmuck, Taschen, Schuhe und ein Kunsthandwerksmarkt. **Geöffnet Mo–Do 9.30–17.30 Uhr, Fr bis 21, Sa bis 12.30 Uhr.**

■ **Sunset Boulevard**
Grand Baie. Eine offene, schöne Geschäftsmeile mit vielen Boutiquen, die stilvolle Mode, aber auch Lederwaren, Schmuck, Uhren, Bademode und Kunsthandwerk im Sortiment haben. **Geöffnet tgl. 9–18 Uhr.**

■ **Shibani Shopping Centre**
Mangalkhan, Floréal. Einkaufszentrum mit Geschäften für Bekleidung, Orientteppiche, Spielwaren und Schmuck. **Geöffnet tgl. 9–18 Uhr.**

■ Auch im nahen **Einkaufszentrum Floréal Square** gibt es eine gute Auswahl an Geschäften, außerdem ein Textilmuseum. **Geöffnet Mo–Fr 9.30–17.30, Sa bis 16 Uhr.**

■ **Floréal Boutique**
Floréal Road. Factory Shop des weltweit zweitgrößten Herstellers von Lambswool-Pullovern. **Geöffnet Mo–Fr 9.30 bis 17, Sa 9.30–13 Uhr.**

■ **Kleidermarkt am Busbahnhof von Quatre Bornes.** Hier gibt es neben Mode schöne Bettwäsche, Tischtücher, Taschen und vieles mehr besonders preiswert. **Geöffnet Do und So 6–18 Uhr.**

Intimes Boutiquehotel in wunderschöner Lage mit Top-Service und
 breitem Wellness-Angebot,
hervorragende Küche. ●●●

■ **Maritim**
Balaclava/Terre Rouge
Tel. 204-1000
www.maritim.de
2009 renoviertes First-Class-Hotel im
mauritischen Stil an einer reizvollen,
abgelegenen Bucht; große Poollandschaft, umfangreiches Sportangebot,
Health-Center, elegante Ladenzeile,
deutsche Leitung. ●●●

■ **Le Récif Hotel**
Pointe aux Piments
Tel. 261-0444
www.lerecif.com
Anlage mit 70 modern gestalteten
hellen Zimmer, teilweise auf zwei
Etagen, Pool, ideal für Familien. ●●

Restaurants

■ **Le Pescatore**
Trou aux Biches
Tel. 261-6337
 **Feinschmeckerlokal mit mediterran
angehauchter Fischküche** direkt am
Meer. ●●●

■ **Etoile de Mer**
Trou aux Biches, Tel. 265-6178
Einheimische Küche und frische Mee-
resfrüchte. ●●

Shopping

■ **Galerie Hélène de Senneville**
Royal Road, Pointe aux Canonniers
Tel. 263-3122
Hier lassen sich Bilder einheimischer
Künstler erstehen.

■ **Katundu**
Royal Road, Pointe aux Canonniers
Tel./Fax 263-8544
Afrikanisches Kunsthandwerk.

Grand Baie 6
und Péreybère 7

Grand Baie ist der bekannteste
Ort im Norden der Insel und liegt
an der gleichnamigen breiten
Bucht. Sie ist ein beliebter Ankerplatz für Weltumsegler, aber auch
Landratten, die ein wenig Trubel
suchen, zieht es hierher. Grand
Baie versammelt mehr Restaurants, Cafés und Boutiquen als jeder andere Ort auf Mauritius; die
Diskotheken und Bars sind bis
zum frühen Morgen geöffnet.
Strandfreuden pur verspricht die
traumhafte Bucht La Cuvette im
Norden. Ein besonderes Erlebnis
sind zudem die **Unterwasserspaziergänge** › S. 33. Einen anderen
Akzent setzt der 2001 fertigge-
stellte Hindutempel im Norden
des Ortes.

Wer es gerne etwas ruhiger und
familiärer hat, der logiert in **Péreybère,** nur 2 km nördlich von
Grand Baie. Hier befinden sich
kleine Restaurants, Boutiquen
und ein beliebter öffentlicher
Strand. Je weiter man nach Norden fährt, desto ruhiger wird es.

Hotels

■ **Royal Palm**
Grand Baie
Tel. 209-8300
www.beachcomber.de
Hochkarätiges Refugium der internationalen Prominenz mit diskretem,
persönlichen Service. Feinkörniger
Sandstrand, Gourmetrestaurant,
wunderschöner Wellnessbereich.

●●●

Die Bucht von Grand Baie bietet viele Wassersportmöglichkeiten

■ **Paradise Cove Hotel & Spa**
Anse La Raie
Tel. 204-4000
www.paradisecovehotel.com
Boutiquehotel an einer Privatbucht mit
großem Sport- und Wellnessprogramm.
●●●

■ **Le Mauricia**
Grand Baie
Tel. 209-1100
www.beachcomber.de
Bei Familien und Nachtschwärmern
beliebtes Ferienhotel mit buntem
Unterhaltungsprogramm und All-
inclusive-Konzept. Schöner kleiner
Sandstrand, riesiger Pool, Miniclub.
●●–●●●

■ **Veranda Grand Baie**
Tel. 209-8000
www.verandagroup.com
Ruhiges, kleines Bungalowhotel in tropischer Gartenanlage am Nordrand
des Ortes. Spa, Wassersportzentrum
und Miniclub. ●●

■ **Hibiscus Beach Resort & Spa**
Péreybère
Tel. 263-8554
www.hibiscushotel.com
Gemütliche Zimmer direkt am Strand.
●●

■ **Kuxville**
Cap Malheureux
Tel. 262-7913][**www.kuxville.de**
Apartments und Bungalows teilweise
direkt am Strand, deutsche Leitung.
●–●●

Restaurants

■ **Sakura**
Grand Baie
Tel. 263-8092
Ältestes japanisches Restaurant auf
der Insel; der Koch bereitet das Essen
vor den Augen der Gäste zu, nur
abends. ●●

■ **Phil's Pub**
Grand Baie
Tel. 263-8589

Grillspezialitäten und knackige Salate, beliebte Bar. ●●

■ **Le Tanjore**
Im Ventura Hotel, Grand Baie
Tel. 263-6030
Erstklassige indische Küche, viele Einheimische Gäste. ●●

■ **Le Capitaine**
Grand Baie
Tel. 263-6867

Beliebtes Terrassenlokal am Meer; hier gibt's vor allem Fisch und Meeresfrüchte. ●●

■ **Sunset Café**
Grand Baie
Tel. 263-9602
Terrasse mit schönem Blick auf den Jachthafen; gutes Frühstück, Snacks und Desserts, leckere Cocktails. ●●

■ **La Pagode**
Grand Baie
Tel. 263-8733
Open-Air-Lokal im Zentrum mit chinesischen Speisen. ●

Nightlife

Wer gerne tanzt, fühlt sich imangesagten **Zanzibar Night Club**, in der

angrenzenden **Bar Banana Cafe**, im **Star Dance** oder **Kapu Kai im Zentrum von Grand Baie** wohl. Auch in der Bar **Le Bambou, Chemin Vingt Pieds**, wird getanzt.

Shopping

■ **Agency Craft Shop**
Royal Road][Tel. 263-5423
Schönes Kunsthandwerk.

■ **Vaco Art Gallery**
Dodo Square][Tel. 263-3106
Farbenfrohe Bilder des bekannten einheimischen Malers Vaco Baissac; angeschlossenes Restaurant mit guter kreolischer Küche.

 Ausflug: Bootstour auf die **Inseln im Norden

Beliebt sind Tagesausflüge inklusive Picknick – sei es auf einer Segeljacht, mit dem Katamaran oder einem Motorboot – zu den vorgelagerten unbewohnten Inseln. Während die steilen Felsklippen von **Coin de Mire** eine Landung nicht zulassen, sind die feinsandigen Badeinseln **Ile Plate** und **Ilot Gabriel** einen Besuch wert, und im warmen Meerwasser zwischen ihnen kann man herrlich schnorcheln. Die Überfahrt dauert ca. 2 Std., es kann sehr wackelig werden. Schützen Sie sich vor Seekrankheit! Informationen bei den Reiseveranstaltern > S. 28.

Pamplemousses

Die kleine Stadt hat eigentlich wenig zu bieten, wäre sie nicht Heimat des berühmten Botanischen Gartens und des modernen Zuckermuseums in einer ehemaligen Zuckerraffinerie.

 Der ****Botanische Garten** von Pamplemousses mit seiner ungeheuren Vielfalt an Palmen und tropischen Zierpflanzen ist für Botaniker eine wahre Schatzkammer und lockt viele Besucher hierher (tgl. 8.30 bis 17.30 Uhr). »Mon Plaisir« nannte Mahé de Labourdonnais seinen Landsitz, auf dem er Gemüsegärten anlegen und sich ein Schlösschen bauen ließ, das heute noch

Die Tempel in Triolet sind hinduistischen Göttern gewidmet

zu bewundern ist. Es steht unter Denkmalschutz und wird nur hin und wieder bei Staatsempfängen geöffnet. In seiner Nähe leben in einem Gehege einige riesige Aldabraschildkröten.

1774 übernahm die Ostindien-Kompanie das Gelände und ließ Maulbeerbäume anpflanzen, um Seidenraupen zu züchten – wenig erfolgreich, wie sich bald herausstellte. Der eigentliche Gründer des Botanischen Gartens, der Inselintendant Pierre Poivre, übernahm schließlich das Gelände in seinen Privatbesitz und begann systematisch, tropische Pflanzen zu sammeln. Von seinen Reisen nach Indien, China und zu den Philippinen brachte er Bäume,

Zier- und Gewürzpflanzen mit, kultivierte sie erfolgreich in Pamplemousses und durchbrach mit Pfeffer und Muskatnüssen Anfang des 19. Jhs. das niederländische Gewürzmonopol. Ein kunstvolles, schmiedeeisernes Tor ziert den Eingang in Richtung Innenstadt. Das weiße Tor war ein Geschenk des Franzosen François Liénard de la Mivoie, ein handwerklich einzigartiges Exemplar, das 1862 eigens nach London geschafft und dort auf der Weltausstellung ausgezeichnet wurde.

⚠️ Da die Pflanzen nicht gut gekennzeichnet sind, ist eine Führung zu empfehlen. An den Eingängen warten Führer mit Lizenz, die Preise sind festgesetzt.

Auf dem nahen Gelände der einstigen Zuckerraffinerie von **Beau Plan** erhält man im modernen, interaktiven Museum L'Aventure du Sucre einen guten Eindruck von der Verarbeitung des für Mauritius so typischen Zuckerrohrs (www.adventuredu sucre.com, tgl. 9–17 Uhr).

5 Ausflug nach Triolet 9

Über die Allee vor der Zuckerfabrik und die B 17 geht es über Plaine des Papayes zum *Maheswarnath-Tempel in **Triolet,** der bedeutendsten hinduistischen Tempelanlage der Insel. Um den Ende des 19. Jhs. errichteten Haupttempel entstanden kleinere farbenprächtige und üppig dekorierte Schreine, die Vishnu, Shivala, Krishna, Ganesha und anderen Gottheiten gewidmet sind. Vor und nach den Zeremonien sind die Tempel zu besichtigen; Schuhe und Lederwaren dürfen dabei aus Glaubensgründen nicht getragen werden.

Belle Mare Plage 10

 Der kilometerlange Bilderbuchstrand von Belle Mare hat diesen Küstenabschnitt bis Poste de Flacq im Norden bekannt gemacht. Der Sand ist an dieser Küste besonders fein und weiß, das Meer funkelt türkis, und die vielen Filao-Bäume bieten Schatten. Hier haben sich etliche Hotelanlagen der mittleren, gehobenen und Luxus-Kategorie angesiedelt. Von einem zum Aussichtsturm umfunktionierten Schornstein eines ehemaligen Kalkofens genießt man einen schönen Blick über die Küste, an der sich das weiße Zirkuszeltdach des Coco Beach Hotels markant hervorhebt.

Die Ortschaft selbst besteht nur aus ein paar verstreuten Häusern mit Polizeistation, kleinen Boutiquen, Ruinen einer Zuckerrohrfabrik und einem Hindutempel. Entlang der Küstenstraße pflanzen viele Kleinbauern Nutzpflanzen an, im Hinterland dominieren schier endlose Zuckerrohrfelder.

Passionierte Golfer zieht es zu den zwei überaus attraktiven 18-Loch-Championship-Golfplätzen des Belle Mare Plage Hotels (> rechts), die in Fachkreisen besten Ruf genießen.

Hotels

■ **Le Prince Maurice**
Choisy Rd., Poste de Flacq
Tel. 402-3636
www.princemaurice.com
Angenehm ruhiges 5-Sterne-Resort in einer tropischen Gartenanlage. Toller Service, exquisites Guerlain Spa. ●●●

■ **One&Only Le Saint Géran Spa & Golf Club**
Poste de Flacq, Belle Mare Plage
Tel. 401-1688
www.oneandonlyresorts.com
Sportlich-elegantes First-Class-Hotel in tropischer Parkanlage auf einer Halbinsel. Golfklub, Kasino, Spa. ●●●

■ **The Residence**
Belle Mare Plage][Tel. 401-8888
www.theresidence.com

Mit Antiquitäten und Edelhölzern ausgestattetes Luxushotel im Kolonialstil, 2007 renoviert. Suiten mit persönlichem Butler, herrlicher Strand, Wassersport, Spa. ●●●

■ **Belle Mare Plage Golf Hotel & Resort**
Poste de Flacq, Belle Mare Plage
Tel. 402-2600
www.bellemareplagehotel.com
256 geschmackvoll eingerichtete Zimmer, Suiten und Villen, harmonisch in die Natur eingebettet; zwei 18-Loch-Golfplätze, tolles Spa. ●●●

cht gut!

■ **Beau Rivage Hotel**
Belle Mare Plage
Tel. 402-2000][**www.naiade.com**
Tolles Luxushotel mit großer Poollandschaft, mehreren Restaurants und exquisitem Service. Payot-Spa und Kinderclub. ●●●

Ausflug: Planschen im Waterpark

Vor allem Familien mit Kindern lieben den *Waterpark*. Er liegt auf einem großen Gelände mit Restaurant, vielen Planschbecken, Wellenbad und Rutschen für Besucher aller Altersgruppen. In diesem Fun Park kann man sich mindestens einen halben Tag lang amüsieren (Tel. 415-2626, www.lewaterpark.intnet.mu, tgl. 10 bis 17 Uhr, Erw. 7 €, Kinder 4 €).

Trou d'Eau Douce 🔟 und Beau Champ 🔞

Der traditionelle Fischerort Trou d'Eau Douce erhielt seinen Namen (Süßwasserloch) wegen eines kleinen Meeresbeckens, welches vom Süßwasser eines Unterwasserflusses gespeist wird. Gegenüber der Postkarteninsel ****Ile aux Cerfs** gelegen, steht der charmante Küstenort seit Jahren im Schatten dieser Touristenattraktion. Mit den vielen bunten Fischerbooten, die in der Bucht schaukeln, versprüht er ein typisch kreolisches Flair.

Es gibt ein paar kleine Geschäfte, inseltypische Restaurants und eine sehenswerte alte Steinkirche mit blauen Fenstern. Einige Privathäuser vermieten einfache Zimmer oder günstige Ferienwohnungen.

In **Beau Champ** steht eine der ältesten Zuckerraffinerien von Mauritius. In den letzten Jahren entstanden hier exklusive Privatvillen, ein 18-Loch-Golfplatz und ein 5-Sterne-Restaurant mit einer neuen Mole, an der Boote zur Ile aux Cerfs ablegen.

Hotels

■ **Le Touessrok**
Trou d'Eau Douce
Tel. 402-7400
www.letouessrokresort.com
Romantisches Hotel der Spitzenklasse vis-à-vis der Ile aux Cerfs. Givenchy-Spa, 18-Loch-Golfplatz auf der Ile aux Cerfs, Wassersport, toller Kinderclub. ●●●

■ **Four Seasons Resort at Anahita**
Tel. 402-3100
www.fourseasons.com
Nagelneues Golfresort mit 132 Villen, teilweise über dem Wasser und auf einer Insel, hervorragendes Spa, Wassersport. ●●●

Das Badeparadies Ile aux Cerfs

Ausflug zur
**Ile aux Cerfs 13

Auf dieser Insel kann man im tür-
kisgrünen Wasser baden und unter Filaos am weißsandigen Strand
entspannen. Das Hotel Le Touessrok unterhält dort Restaurants,
ein Wassersportzentrum und einen 18-Loch-Golfplatz. Für Haus-
gäste pendeln hoteleigene Fähren
zwischen Insel und Festland hin
und her (9–17 Uhr, alle 15 Min.,
Dauer ca. 15 Min.). Darüber hinaus fahren ab **Trou d'Eau Douce**
öffentliche Boote zur Ile aux Cerfs
und zur Nachbarinsel Ile de l'Est.

Kestrel Valley 14

Der ehemals unter den Namen
Domaine de l'Anse Jonchée bzw.
Domaine du Chasseur bekannte
Naturpark und die Parfumplan-
tage Domaine de l'Ylang Ylang
wurden zusammengelegt und bie-
ten seitdem unter dem Namen
Kestrel Valley auf noch größerem
Gebiet spannende Erlebnisse und
wertvolle Erfahrungen in einem

der letzten natürlich belassenen
Waldgebiete von Mauritius. Das
Tal liegt in 100–500 m Höhe, hier
leben Javahirsche, Wildschweine,
Affen und Vögel, darunter der
Kestrel, der Mauritius Turmfalke,
der noch vor wenigen Jahren fast
ausgestorben wäre. Dank sorgsa-
mer Nachzucht und der Einrich-
tung von Schutzzonen haben sich
die Bestände erholt. Der edle Vogel mit seiner auffällig braun ge-
fleckten Brust ist bei **Vorführun-**
gen im freien Flug und auf dem
Arm eines Falkners ganz aus der
Nähe zu sehen (tgl. 15 Uhr).

Die **Ylang-Ylang Distillery 15**
produziert weiterhin edle Duftessenzen, die man am Hauptein-
gang kaufen kann. Vier Trekking-
routen führen in das dicht
bewaldete, bergige Gelände, in
dem neben den genannten Tierarten auch viele Ebenholzbäume
und Orchideenarten zu bewundern sind. Hier kann man auch
gegen Gebühr mit Bogen oder
dem Jagdgewehr auf die Pirsch
gehen und eine Trophäe heim-
bringen. Rundfahrten mit einem
Jeep sind auf Anfrage ebenfalls
möglich. Naturfreunde können in
sieben komfortablen Chalets im
Wald übernachten, das in den
Höhen gelegene Restaurant Pano-
ramour bietet herrliche Panoramablicke auf die Südostküste mit
ihren vorgelagerten Inseln.

Kestrel Valley: Tel. 634-5011,
www.kestrelvalley.com, tgl. 8.30
bis 16.30 Uhr.

Die Terre des Couleurs
von Chamarel

Mauritius:
Der Süden und Westen

Nicht verpassen!

- Das Naturparadies Ile aux Aigrettes
- Die Strände am Fuße des Morne Brabant
- Mittagessen in einem der Aussichtsrestaurants bei Chamarel
- Eine Wanderung im Nationalpark Rivière Noire

Zur Orientierung

Fantastische Naturkulisse, Einsamkeit, dichte Vegetation, gewaltige Wellen – die Südküste steckt voller Kontraste und Extreme. Im verschlafenen Kolonialstädtchen Mahébourg spürt man inmitten der vielen Händler und in den landestypischen Boutiquen das besondere Flair von Mauritius. Etwas südlich davon liegt die tiefblaue Blue Bay mit dem beeindruckendsten Unterwasserpark der Insel; die vorgelagerte Ile aux Aigrettes ist ein Naturschutzgebiet. Hier bemüht sich ein Forscherteam darum, die ursprüngliche, mauritische Vegetation auf kleinem Raum wieder herzustellen.

An der malerischen, aber raueren **Südküste** zwischen Rivière des Anguilles und Baie du Cap wohnen hauptsächlich Kreolen. Die Gegend war einst Zufluchtsort für entlaufene Sklaven, deren Nachfahren hier bis heute Landwirtschaft und Fischerei betreiben. Die verstreuten Sandbuchten sind zwar nett anzusehen, für Badevergnügen allerdings zu gefährlich. Kein vorgelagertes Riff bremst die Kraft der Wellen, die hier mit ihrer Naturgewalt an den Strand oder auf die Felsenküste aus Lavagestein rollen und dabei häufig in Fontänen hochspritzen. In den kleinen Fischerdörfern gibt es kaum mehr als ein Postamt, eine Boutique, eine Kirche, einen Tempel und vielleicht eine Schule.

Naturliebhaber werden vor allem vom La Vanille Réserve des Mascareignes und den Rochester Falls begeistert sein, recht unzugängliche Gebiete, in denen einheimische Pflanzen überleben konnten.

An den Stränden der **Südwestküste** sorgt das vorgelagerte Korallenriff für ungetrübte Badefreuden. Die Gegend rund um Flic en Flac ist wegen ihres breiten Sandstrandes, des großen Sportangebots und regen Nachtlebens sowie der familienfreundlichen Ferienanlagen sehr beliebt.

Weiter südlich, um Tamarin, Grand Rivière Noire und Case Noyale wird es ruhiger, hier liegen Villen und Winterresidenzen reicher Mauritier neben einfachen Häuschen kreolischer Fischer.

Die markante Halbinsel mit dem 556 m hoch aufragenden Berg Morne Brabant (Weltkulturerbe seit 2008) ist ein abgelegenes Traumziel mit herrlichen Stränden und wunderschönen Hotelanlagen.

Natur pur bietet der einzige Nationalpark der Insel Gorges de la Rivière Noire im Hinterland, eines der letzten unbelassenen Naturgebiete der Insel. Hier finden seltene Tiere und Pflanzen wie die Rosa Taube und der Mauritius-Turmfalke eine Zufluchtsstätte und können mit etwas Glück auf Wanderungen auch gesichtet werden.

Touren in der Region

Wo der Hochlandtee wächst

Teeplantage

8 Mahébourg › Bois Cheri › Grand Bassin › Le Pétrin › Mare aux Vacoas › Curepipe › Mahébourg

Länge: 1 Tag
Praktische Hinweise: Die Tour verläuft auf vielen Seitenstraßen, es empfiehlt sich ein Wagen mit ortskundigem Fahrer.

Von **Mahébourg** › S. 90 folgt man der Schnellstraße in Richtung Curepipe bis zur Abfahrt nach La Flora/Grand Bois. Durch diese beiden Orte führt eine schmale Nebenstraße in den Ort **Bois Cheri,** um den sich weite Teeplantagen erstrecken. Die Fabrik am Ortsrand inmitten der Felder ist auf Besucher eingestellt: Ein Museum erzählt die Geschichte des Teeanbaus auf der Insel; während eines Rundgangs erläutern Mitarbeiter den langwierigen Prozess der Teeproduktion.

Westlich der Teeplantagen liegt das berühmte **Grand Bassin,** ein Kratersee, den die Hindus in Mauritius als heiligen Ort verehren. Sie nennen ihn Ganga Talao. Tempel und Schreine umgeben den See, und das ganze Jahr hindurch kommen Gläubige, die hier beten, Wasser für rituelle Reinigungszeremonien schöpfen und Gott Shiva Blumenopfer darbringen. Im Februar/März feiern sie

hier **Maha Shivaratree,** das größte religiöse Hindufest außerhalb Indiens.

Einige Kilometer weiter nördlich liegt der größte Binnensee der Insel, der **Mare aux Vacoas.** Er ist eines der wichtigsten Süßwasserreservoirs, denn Meerwasseraufbereitung wird auf Mauritius noch nicht betrieben. Weiter geht es über schmale Straßen bis in die Außenbezirke von **Curepipe** › S. 66, wo Gelegenheit für einen Einkaufsbummel besteht. Von hier führt die vierspurige Schnellstraße zurück nach Mahébourg.

Putzige Quälgeister

In den Wäldern des Südens und vor allem am Grand Bassin leben insgesamt etwa 60 000 Makaken-Affen, die auf der Insel *Jacot dansé* genannt werden. Sie wurden aus Indien eingeführt und können zu einer wahren Pest werden. Affencari (Cari No. 2) gilt bei Kreolen als besondere Spezialität und ist sehr beliebt.

Durch den wilden Süden

9 Mahébourg › Le Souffleur › Rivière des Anguilles › Rochester Falls › Le Morne Brabant

Länge: 1 Tag, 62 km
Praktische Hinweise: Die Strecke ist sehr kurvig. Vorsicht auch vor Tieren auf der Straße.

Von **Mahébourg** › S. 90 geht es vorbei am Flughafen Plaisance und über Plaine Magnien nach **Saint Aubin,** dem Sitz eines herrschaftlichen Kolonialhauses mit tollem Restaurant, welches besichtigt werden kann. In L'Escalier zweigt eine schmale, steinige Zufahrt an die Küste nach **Le Souffleur** ab. Hier lernt man den Indischen Ozean von seiner wilden Seite kennen: Keine Korallenbank bricht vor der Küste die Kraft der Wellen, die mit hoch aufschäumender Gischt auf die schwarzen Lavafelsen schlagen – ein fast geheimnisvoll wirkender Ort, an dem die Regierung nach etlichen Todesfällen einen Holzzaun ziehen ließ, der Besucher vor der Reichweite der Brandung schützt.

Im **La Vanille Réserve des Mascareignes** › S. 92 bei Rivière des Anguilles werden zu kommerziellen Zwecken madagassische Krokodile gezüchtet; im Restaurant kann man das Fleisch probieren. Hohe Klippen ragen am Aussichtspunkt Cap Gris Gris aus dem Indischen Ozean. Strömungen und große Wellen machen das Baden lebensgefährlich, aber der Blick auf die wilde Steilküste ist atemberaubend. Von Surinam aus führt ein Fußweg (30 Min.) durch Zuckerrohrfelder zu den ***Rochester Falls,** bis auf ca. 20 m kann man auch mit dem Auto heranfahren. 15 m stürzt das Wasser über Basaltsäulen hinab, die wie Orgelpfeifen aussehen. Jungen führen gegen Trinkgeld spektakuläre Hechtsprünge ins Wasserbecken vor.

Der Küstenabschnitt von Surinam über Bel Ombre bis zum ****Morne Brabant** › S. 92, dem mächtigen Felsen im äußersten Südwesten, ist mit seinen sandi-

Der Flammenbaum blüht von November bis Februar

gen Buchten sehr malerisch, aber wegen der unberechenbaren Strömungen zum Baden ungeeignet – bis auf den Strand von **Riambel** › S. 91. Hier entstanden mehrere luxuriöse Hotelanlagen mit Golfplätzen und modernster Ausstattung. Ein Gedenkstein am Strand von **Pointe aux Roches** erinnert an den Passagierdampfer »Trevessa«, der 1923 auf dem Weg von Australien nach Mauritius havarierte. Nach wochenlanger Irrfahrt landeten hier 16 Überlebende im Rettungsboot. Rund um den ****Morne Brabant** › S. 92 liegen Strände, an denen sich einige der schönsten Hotels von Mauritius angesiedelt haben.

Natur pur im Südwesten

═⟨10⟩═ Flic en Flac › **Grande Rivière Noire** › **Chamarel** › **Parc National Gorges de la Rivière Noire** › **Quatre Bornes** › **Flic en Flac**

Länge: 1 Tag, 77 km
Praktische Hinweise: Die Strecke ist sehr kurvig. Vorsicht auch vor Tieren auf der Straße.

Die Tagesfahrt von Flic en Flac auf das Hochplateau führt durch den landschaftlich abwechslungsreichsten Teil von Mauritius. Naturdenkmale weisen auf den vulkanischen Ursprung der Insel hin. Kraterseen, in Regenbogenfarben leuchtende Lava und die letzten Ebenholzbäume im Nationalpark Gorges de la Rivière Noire faszinieren Naturliebhaber; eine Wan-

derung auf den Gipfel des Piton de la Rivière Noire oder durch die Schlucht des gleichnamigen Flusses hinunter zur Küste fordert Sportliche heraus.

Von **Flic en Flac** › S. 95 folgen Sie der Nationalstraße nach Süden, vorbei am **Casela Nature & Leisure Park** › S. 96 und durch die Ortschaft **Tamarin** › S. 93. Ein Abstecher führt in den ***Nationalpark Gorges de la Rivière Noire** › S. 94.

Ab Grand Case Noyale geht es hinauf in den Ort **Chamarel** › S. 94 mit herrlichen Ausblicken und sehr empfehlenswerten Terrassenrestaurants. Ein Abstecher führt von hier zum **Chamarel-Wasserfall** sowie zur ****Terre des Couleurs** › S. 94 (»farbige Erde«).

Zurück in Chamarel folgen Sie nun der schmalen Straße in Richtung Plaine Champagne. Unterwegs passieren Sie immer wieder Aussichtspunkte auf Wasserfälle und in die Schluchten des Nationalparks Gorges de la Rivière Noire. An der Straße beginnt auch der schmale, aber recht leicht zu begehende Pfad auf den 828 m hohen **Piton de la Rivière Noire** (3 bis 4 Std. für Hin- und Rückweg), den höchsten Berg von Mauritius.

In Le Pétrin folgt man der Straße nach Vacoas, vorbei am Süßwasserreservoir Mare aux Vacoas und durch das Dorf La Marie. Weiter geht es nach Quatre Bornes, wo eine Abkürzung nach Westen durch Zuckerrohrfelder sowie über Palma und Beaux Songes direkt nach Flic en Flac führt.

Unterwegs im Süden und Westen

Mahébourg 16

Mahébourg liegt an einer atemberaubend türkisfarbenen Lagune, die sich im Süden bis zur Blue Bay › S. 91 erstreckt, an der einige schöne Ferienanlagen entstanden sind. Die 1806 gegründete Stadt wurde nach dem französischen Gouverneur Mahé de Labourdonnais benannt.

Sie hat sich ihre inseltypische Atmosphäre bewahrt. Im Stadtkern fühlt man sich als Teil der bunten Menschenmenge, besonders am Montagvormittag zieht es Händler und Käufer auf den bunten **Wochenmarkt.** In den

Die Schiffsglocke der »Saint Géran« im Museum von Mahébourg

Markthallen gegenüber dem Busbahnhof kann man jeden Tag frisches Obst, Gemüse und Fisch sowie schöne Korbwaren kaufen; rund um den Markt bieten Imbissstände viele kleine Köstlichkeiten an.

In der Rue du Souffleur liegt das große Gotteshaus **Cathédrale Notre-Dame-des-Anges,** hinter der sich die einfache Pension Notre Dame verbirgt. Daneben, an der Mahébourg Road, steht eine **Moschee.** Von ihrem Minarett erklingt mehrfach täglich der Gesang des Muezzin.

In Richtung Flughafen befindet sich auf der rechten Seite in einem großen Park das **Marinemuseum** (*Musée historique et naval de Mahébourg*, Tel. 631-9329, Mo–Sa 9–16, So 9–12 Uhr, Eintritt kostenlos). Ein Besuch der in einem Kolonialgebäude von 1771 untergebrachten Ausstellung ist sehr lohnenswert. Gezeigt werden alte Seekarten sowie Überbleibsel aus Wracks, z. B. die Schiffsglocke des bekannten Schiffes Saint Géran. In den Außengebäuden stehen zwei historische Kutschen; ein Souvenirgeschäft verkauft Kunsthandwerk.

Ausflüge
Segeltörn an der Südostküste

Eintägige Katamarantouren von Blue Bay zur Ile aux Cerfs bieten Croisières Australes (Tel. 670-

4301) und Croisières Turquoises (Tel. 631-8347) an. Tam Tam Travel & Tours (Tel. 631-8642) an der Pointe d'Esny offeriert eine Palette von Ausflügen auf die Inseln der Ostküste sowie ins Landesinnere. Bei Cybèle Charters (Tel. 674-3596) können Bootsfahrten auf den Spuren der Geschichte in der Bucht von Mahébourg gebucht werden.

Naturpark Le Val

In Mahébourg zweigt ca. 1 km landeinwärts nach dem Museum die Straße nach Riche en Eau ab. Durch Zuckerrohrfelder und Ananasplantagen, an der Zuckerfabrik von Riche en Eau vorbei, führt sie hinauf ins Bergland zum kleinen Naturpark von Le Val. In dem Tal wachsen noch einzelne Baumfarne. Auf einem Spaziergang passiert man Käfige, in denen Affen turnen; Teiche dienen der Zucht von Garnelen und Karpfen. Kinder können sich auf dem Spielplatz vergnügen (tgl. 9–17 Uhr).

Restaurant

Restaurant Le Val Nature Park
Tel. 633-5051
Gerichte aus parkeigenen Produkten (Garnelen, Karpfen). Geöffnet tgl. 9–17 Uhr. ●●

Blue Bay

Südlich von Mahébourg führt die Küstenstraße durch Marsch- und Mangrovenland zur Blue Bay. Die Bucht sowie die Gewässer um die vorgelagerte ****Ile aux Aigrettes**

sind für ihre intakte Unterwasserwelt und farbenfrohen Korallengärten bekannt. Die Insel steht unter Naturschutz und wird von der Mauritian Wildlife Foundation (MWF) verwaltet. Auf ihr findet man noch seltene Pflanzen des einheimischen Küstenwaldes und rare Vogelarten wie die Rosa Mauritiustaube vor. Die Mitarbeiter bieten sehr interessante geführte Touren über die Insel an (ca. 300 Rs, tgl. 9–16 Uhr, Tel. 631-2396, www.ile-aux-aigrettes. com), Boote starten zwischen 9.30 und 14 Uhr ab Mahébourg. Etwas beeinträchtigend ist der nahe gelegene internationale Flughafen.

Hotels

■ **Shandrani Hotel**
Blue Bay
Tel. 603-4343
www.beachcomber.de
Geräumige Zimmer mit Meerblick; All-inclusive-Konzept, Clarins-Spa, Spitzengastronomie, 9-Loch-Golfplatz. ●●●

■ **Le Preskil Beach Resort**
Pointe Jérôme
Tel. 604-1000
www.lepreskil.com
Familienfreundliches Mittelklassehotel in Toplage an einem noch authentischen Küstenabschnitt. Kinderbetreuung, großes Sportangebot, Spa. ●●–●●●

Echt gut!

Riambel

Das westlich an Souillac angrenzende Riambel besitzt einen hübschen, natürlichen Hafen an der Mündung des Baches Rau Patates,

Zuckerrohr- und Zwiebelfelder

zu dem ein Abstecher lohnt. Hier schaukeln viele Fischerboote und Pirogen im Wasser und geben ein malerisches Bild ab; daneben liegt das gemütliche Restaurant **Le Batelage.** Westlich von Souillac schützt erneut ein vorgelagertes Riff die Küste. Oft sind die Strände sehr felsig und zum Baden ungeeignet, trotzdem entstanden hier in den letzten Jahren einige schöne Hotels, die sich vor allem auf Wellness spezialisiert haben.

6,5 km östlich von Souillac liegt in Rivière des Anguilles das Herrenhaus **Saint Aubin** mit einem kreolischen Restaurant (die Anlage zählt zur Route du Thé, Rivière des Anguilles, Tel. 626-1513, www.saintaubin.mu, Mo–Sa 8.30 bis 16 Uhr, ●●).

Einige hundert Meter weiter südlich weisen Schilder inmitten eines Naturreservats zum La Vanille Réserve des Mascareignes ⊠ In den Gehegen des tropischen Gartens mit Palmen und Bambus leben u. a. auch Riesen-

schildkröten, Affen, Leguane und Wildschweine (tgl. 9.30–18 Uhr, www.lavanille-reserve.com). Das Restaurant serviert hauseigene Erzeugnisse wie kreolische Spezialitäten sowie Krokodilfleisch.

Hotel

Shanti Ananda Maurice
Riambel
Tel. 603-7200
www.shantiananda.com
Aryuveda-Resort mit umfassendem Wellness-Programm, geräumigen Suiten und tollem Essen. ●●●

****Le Morne Brabant** ⊠

Der westlich der Hauptroute gelegene Berg (556 m) ist ein Ausläufer des Kapgebirges und bildet eine markante Halbinsel. Am herrlichen Strand zu Füßen des massigen Felsens hat sich eine exklusive Ferienzone mit Hotels, Golfplatz und Reitpferden entwickelt. Die Besteigung des Morne Brabant ist nur mit einem Führer möglich. Entlaufene Sklaven versteckten sich einst in den schwer zugänglichen Höhen des Morne und glaubten, in uniformierten Boten ihre Häscher zu erkennen. Aus Verzweiflung sprangen viele ins Meer. Die Boten aber sollten das Ende der Sklaverei verkünden. 2008 erkannte die UNESCO den Berg als Weltkulturerbe an.

Hotels

■ Le Paradis Resort & Golfclub
Le Morne
Tel. 401-5050
www.beachcomber.de
Schön gelegene, luxuriöse Anlage mit elegant eingerichteten Zimmern, exzellentem Service, Gourmetrestaurant, Spa, 18-Loch-Golfplatz, Wassersport und Kasino. ●●●

■ Les Pavillons
Le Morne
Tel. 401-4000][www.naiade.com
Neu renoviertes, im Kolonialstil gehaltenes Bungalowhotel mit drei Restaurants, Cocktailbar und Ladenzeile. Breites Sportangebot, toller Badestrand. ●●●

Ausflug zu den Salinen von Tamarin 🄴

Die Bucht von **Tamarin** ist unter Surfern sehr beliebt. Da es hier zwischen den Korallenbänken direkt vor der Mündung der Rivière Noire eine Lücke gibt, werden die Wellen nicht aufgehalten und können so die Wellenreiter ungebremst bis an die Küste tragen.

Bei Tamarin, in einer der trockensten Ecken der Insel, wird aus dem stark salzhaltigen Meerwasser in speziellen Becken durch Verdunstung Salz gewonnen – eine einfache und effektive Methode, die die Versorgung von ganz Mauritius mit diesem Mineral sicherstellt. Man sieht die Salinen von der Hauptstraße aus; ihre Anzahl und die Gesamtfläche sind in den vergangenen Jahren stark geschrumpft, dafür entstanden immer größere Wohnsiedlungen mit modernen Häusern und der dazugehörigen Infrastruktur.

Die besten Strände

■ **Trou aux Biches Plage,** Mauritius – lang gestreckter pulvriger Sandstrand mit toller Lagune und wunderschönen Sonnenuntergängen ❯ S. 75.

■ **Belle Mare Plage,** Mauritius – hier kann man kilometerweit laufen und in der Lagune gefahrlos planschen ❯ S.82.

■ **La Cuvette**, Mauritius – die charmante Sandbucht bei Grand Baie gilt unter Kennern als Geheimtipp ❯ S. 78.

■ **Le Morne Brabant,** Mauritius – eine frische Brise lockt Wassersportler und Badenixen gleichermaßen an den breiten Sandstrand ❯ S. 92.

■ **Boucan Canot,** Réunion – der In-Strand mit schönem Korallengarten und buntem Publikum ❯ S. 121.

■ **Etang-Salé-les-Bains,** Réunion – schwarzer, feinster Lavasandstrand und herrliche Wellen, viele Einheimische ❯ S. 124.

Restaurant

La Bonne Chute
Grande Rivière Noire (neben der Caltex-Tankstelle)
Tel. 483-6552.
Kreolische und europäische Küche, auch Wildspezialitäten. Do geschl. ●●

6 Chamarel 23 und **Terres des Couleurs

In Grand Case Noyale zweigt eine Straße von der Küste ins Landesinnere ab und windet sich in vielen Kurven hinauf in den Ort **Chamarel**. Hier befinden sich wunderschöne Terrassenrestaurants mit fabelhafter Aussicht auf die Südwestküste.

Die kleine Kirche Ste-Anne von Chamarel wird jedes Jahr am 15. August (Mariä Himmelfahrt) zum Wallfahrtsort gläubiger Katholiken. An den bunten Ständen rund um das Gotteshaus sind Gebäck und Getränke im Angebot, rasch kommt Volksfeststimmung auf.

Südwestlich des Ortes erreicht man auf der Straße Richtung Baie du Cap die Abzweigung zur Terre des Couleurs (*Coloured Earth*; tgl. 7.30–17 Uhr; Eintrittsgebühr). An einer kleinen Kaffeeplantage vorbei gelangt man zunächst zum **Chamarel-Wasserfall,** der ca. 100 m tief in ein grün bewachsenes, natürliches Bassin stürzt. Am Ende des Weges steht man unvermittelt vor einem Naturphänomen, den **Terres des Couleurs** (»farbige Erde«). Wellenförmig

steigt der poröse, kahle Boden an. Rosa-, Purpur- und Brauntöne leuchten in verschiedenen Nuancen nebeneinander, kein Regen wäscht die Farben ab. Obwohl wissenschaftlich noch nicht eindeutig geklärt, vermutet man, dass die Farbtöne auf die Oxidation von Mineralien zurückzuführen sind. In der Umgebung gibt es auch einen Abenteuerpark mit Baumwipfelpfad und Kletterpark (tgl. 9.30–16 Uhr, Tel. 234-5385, www.parc-aventure-chama rel.com).

Restaurants

■ **Le Chamarel**
La Crete, Chamarel
Tel. 483-6421
www.lechamarelrestaurant.com
Großes Open-Air-Restaurant, das ausgezeichneten, vor Ort angebauten Kaffee serviert. ●●

■ **Varangue sur Morne**
Route Plaine Champagne
Tel. 683-6610
Delikates Essen (Tipp: Wildschweincurry), das auf großen Terrassen mit herrlichem Ausblick serviert wird; tgl. 7–19 Uhr. ●●

*Nationalpark Gorges de la Rivière Noire

Der sehenswerte Nationalpark umfasst eine Fläche von 6500 ha und lässt sich am besten zu Fuß erkunden. Von **Le Pétrin** 24 mit kleinem Informationszentrum und Picknickanlagen führt ein breiter Weg durch den Wald von

An der Westküste gewinnt man Salz durch Verdunstung

Macchabée bis zu einem Aussichtspunkt (7 km hin und zurück); Geübte können noch weiter hinunter in die zentral gelegene Schlucht wandern (15 km). Eine Übersichtskarte mit Angaben zu den verschiedenen Wanderwegen ist in Le Pétrin erhältlich.

Neben den unterschiedlichsten Bambusarten mit ihrem filigranen Grün wachsen in den Wäldern wilde Guaven, deren kleine, dunkelrote, vitaminreiche Früchte bei den Einheimischen sehr beliebt sind und roh gegessen oder scharf gewürzt zu Chutney eingekocht werden. Palmen, Bananenstauden und immer wieder Fächerpalmen, die in ihren Blättern Wasser speichern, fallen in dem dichten Grün auf.

Hin und wieder zeigen sich auch ein paar Affen, die allerdings bissig sein können. Mit etwas Glück entdeckt man sogar Mauritius-Turmfalken, Mauritius-Sittiche und Rosa Tauben.

Eine Ausstellung im Informationszentrum informiert über die Flora und Fauna des einzigen Nationalparks von Mauritius.

Flic en Flac ㉕

Der kleine, ruhige Ort mit seinem langen weißen Sandstrand wurde schon vor rund 30 Jahren für den Tourismus erschlossen und ist am Wochenende ein beliebtes Ziel der Mauritier. Die Hotelanlagen reichen immer weiter nach Süden bis in den Ortsteil Wolmar, auch viele Restaurants sind entstanden.

Hotels

■ **La Pirogue Hotel**
Flic en Flac
Tel. 403-3900][www.lapirogue.com

Sehr beliebtes, familienfreundliches Bungalowhotel direkt am Strand. Guter Service, buntes Unterhaltungsprogramm, Miniclub, Kasino. ●●●

■ **Hilton Resort**
Wolmar
Tel. 403-1000
www.hilton.com
Stilvolles Luxushotel im südlichen Nachbarort mit internationalem Publikum und bestem Service. Schöne Poollandschaft, Spa, Kids Club, Mini-Putting-Green. ●●●

■ **Villas Caroline**
Flic en Flac
Tel. 453-8411
www.carolinegroup.com

Das letzte Ebenholz

»Mauritius ist reich an unerschöpflichen Wäldern«, berichteten einst die Eroberer im fernen Heimatland. Sie holzten in den tropischen Regenwäldern wild drauflos, verschifften Teak- und Ebenholz nach Europa, verfeuerten oder verbauten das Holz und ließen auf den gerodeten Flächen Plantagen anlegen. Die angeblich unerschöpflichen Wälder verschwanden von der Insel, bis auf einen kleinen Restbestand im Südwesten, der heute unter Naturschutz steht. Die letzten Ebenholzbäume – Ebenholz ist eines der härtesten Hölzer der Erde –, die allen Zyklonen widerstanden haben, wachsen nun im Parc National Gorges de la Rivière Noire ❯ S. 94, wo auch der grüne Mauritius-Sittich und die Rosa Taube ein letztes Refugium gefunden haben.

Kleine, gut geführte Bungalowanlage direkt am Strand mit indischem Restaurant. Die Tauchbasis ist unter deutscher Leitung. ●●

■ **The Nilaya**
Safeland, Flic en Flac
Tel.453-9037
www.nilaya-mauritius.com
Studios mit Küche, 200 m vom Strand entfernt, deutschsprachige Besitzer. ●

Ausflüge
Besuch im Vogelpark

Im **Casela Nature & Leisure Park** 26 sind Papageien, Kakadus, Zebrafinken, Pfauen, afrikanische Eulen, Seeadler und viele andere seltene Vögel zu sehen, aber auch Fledermäuse, Lemuren und Riesenschildkröten. Die weitläufige Anlage, von deren kleinen Restaurant man einen wunderschönen Blick auf den Süden von Maurtius genießt, ist vor allem für Kinder ein Erlebnis (Tel. 452-0693, www.caselayemen.mu; tgl. 9–17 Uhr).

Mit Löwen auf Tuchfühlung

Auf dem großen Gelände des **Casela Yemen Nature Escape Park** 27 (Tel. 452-0695, www.caselayemen.mu) bei Tamarin kann man einen Spaziergang mit Löwen unternehmen, aber auch Hirsche, Wildschweine, Affen, Zebras, Mangusten und Flughunde wurden hier angesiedelt. Im Angebot sind auch Safaris (per Geländewagen oder Quad-Bike) sowie ein Streichelzoo.

Junge im Maisfeld auf Rodrigues

Rodrigues

Nicht verpassen!

- Der Rundblick vom Mont Limon über die Insel
- Eine Besichtigung der Höhle Caverne Patate
- Ein Rundgang auf dem Wochenmarkt in Port Mathurin
- Eine Wanderung entlang der unberührten Küste
- Eine Bootsfahrt zur Ile aux Cocos

Zur Orientierung

Sanfte Hügel, bunt geflecktes Rindvieh und Schweine auf den Wiesen, grüne Wäldchen – auf der ruhigen, ursprünglichen Insel leben Fischer und Landwirte weitab vom Massentourismus. Folklore ist hier noch sehr lebendig. Rodrigues, die kleinste und älteste der Maskarenen, bietet ein Bild voller Gegensätze: Savannenartige Landstriche wechseln sich mit fruchtbaren Weiden und sattgrünen, tropisch anmutenden Tälern ab. Ein Korallenriff erstreckt sich über 90 km rund um die Lagune. Die 36 700 Bewohner sind überwiegend Kreolen katholischen Glaubens, wobei die dunkelhäutigeren Montagnards (Bergbewohner) vor allem Landwirtschaft betreiben, während die hellhäutigen Rouges (Roten) an der Küste vom Fischfang leben. Einige wenige Asiaten treiben Handel. Jährlich werden Rinder,

Schafe, Hühner und Schweine aufgezogen. Auf den Feldern gedeihen Mais, Maniok, Zwiebeln, Süßkartoffeln, grüne Bohnen und Kartoffeln. Angesichts der geringen Niederschlagsmengen fallen die Ernten sehr unterschiedlich aus. Täglich fahren über 10 000 Fischer auf den Indischen Ozean hinaus; vor allem Tintenfisch ist ein Exportschlager. In Baumschulen züchtet man Filaos für Wiederaufforstungsmaßnahmen, Olivenbäume sowie Akazien als Zusatzfutter für die Schafzucht. Entlang der Küste und in den Hügeln liegen verstreut ein paar Häuser mit Gärten in kleinen Ortschaften; einsame Strände können zu Fuß oder per Mountainbike erreicht werden. Der Tourismus spielt immer noch eine untergeordnete Rolle; Familienpensionen ermöglichen es der Bevölkerung, direkt vom Besuch der Fremden zu profitieren. Auch das Kunsthandwerk wird gefördert: Holz-, Flecht- und Stickarbeiten von Rodrigues sind sehr beliebt.

Die 1528 vom portugiesischen Seefahrer Rodriguez entdeckte Insel blieb zunächst unbesiedelt. Erst ab 1725 ließen sich hier französische Siedler mit ihren Sklaven nieder. Seit 1967 ist Rodrigues mauritische Provinz und wird von zwei Abgeordneten im Parlament der Mutterinsel vertreten. Verwaltet wird sie vom sogenannten Inselkommissar.

Dorado für Schatzsucher

Scharfe Riffkanten, schwierige Passagen und unberechenbare Stürme sorgten dafür, dass viele Segler des 17. Jhs. nie einen schützenden Inselhafen erreichten. Noch heute durchforsten Schatzsucher den tiefen Meeresboden jenseits der Korallenbarriere nach Gold und Edelsteinen – aber auch ohne Juwelen stellen die unzähligen Wracks herrliche Tauchgründe dar.

Touren in der Region

Entlang der Nordküste und ins Hügelland

⑪ **Port Mathurin › Baie aux Huîtres › Baie du Nord › La Ferme › Baie Topaze › Plaine Mapou**

Länge: 1 Tag
Praktische Hinweise: Die ruhige Strecke ist auch für Motorradfahrer gut geeignet; unterwegs gibt es keine Tankmöglichkeit.

In westlicher Richtung führt eine Uferstraße von **Port Mathurin** › S. 101 über Baie aux Huîtres in die Ortschaft La Ferme. **Baie aux Huîtres** ist ein grüner Ort mit gepflegten Häusern, die in blühenden Gärten liegen. Hier wohnen viele hellhäutige, teils blonde Rodriguais bretonischer Herkunft. Am Ortsausgang bei Pointe La Guele liegt das einzige Gefängnis der Insel. Von der Küstenstraße genießt man fantastische Ausblicke auf die ruhigen Buchten Baie Diamant, Baie Malgache und Baie du Nord, in denen Fischerboote wie Farbtupfer auf der blauen Oberfläche schaukeln. Am Horizont sieht man die blütenweißen Strände der Inseln **Ile aux Cocos** › S. 104 und Ile aux Sables funkeln. Bei Baie du Nord biegt die Straße in den Ort La Ferme ab und führt dort nach rechts über Baie Topaze nach **Plaine Mapou.** Hier am westlichsten Zipfel der Insel gruppieren sich einige vorgelagerte, felsige Inseln um die topasfarbene Bucht. Das Land scheint brach zu liegen, allerdings fischen hier regelmäßig Frauen in der Lagune mit Metallspießen nach Tintenfisch. Diese traditionelle Fangart wird auf der ganzen Insel praktiziert. Zum Trocknen wird der Fang in der Sonne aufgespannt.

Entlang der Südküste

⑫ **Anse Mourouk › Port Sud-Est › Tamarin › Petite Butte › Carrière de Corail › La Fouche › Caverne Patate › Plaine Corail**

Länge: 1 Tag
Praktische Hinweise: Achten Sie auf einen gefüllten Autotank, unterwegs gibt es keine Tankstellen.

Von Pâté Reyneux führt eine Straße entlang der Küste über Port Sud-Est und Rivière Cocos nach Petite Butte. Die hiesigen Strände eignen sich nicht zum Baden. Hinter Port Sud-Est zweigt eine **kurvige Straße hinauf in Richtung Latanier und Mont Lubin.** Ein Abstecher dorthin lohnt sich allein wegen der atemberaubenden Ausblicke auf die Südküste, in der sich die wie eine Schlange gewundene tiefblaue Fahrrinne La Passe von den helleren Blau- und Türkistönen der Lagune abhebt.

Nahe des Fischerdorfs Petite Butte liegt der ehemalige Korallensteinbruch **Carrière de Corail.** Hier wurden über 30 Jahre lang bis ins Jahr 2002 Ziegel aus dem aus Korallen bestehenden Grund geschlagen; heute bieten dort ein paar Handwerker Gebilde aus porösem Korallenstein zum Verkauf an. Unweit davon, nur einige Hundert Meter vom Flughafen entfernt, liegt die Höhle ***Caverne Patate** in einem Naturschutzgebiet. Höhlenführungen organisieren mehrere Agenturen in Port Mathurin › S. 101, ein Führer bietet auch vor Ort seine Dienste an. Der Eingangsbereich der 615 m langen und 35 m tiefen Höhle ist mit 135 Treppen versehen, von hier geht man im Schein der Taschenlampen über den natürlichen Höhlengrund und kann zahllose Stalagmiten und Stalagtiten bewundern. Die Caverne Patate ist eine der 25 aktiven Tropfsteinhöhlen der Insel, die besichtigt werden kann.

Daneben liegen Museen zur Geschichte von Rodrigues und das ==François Leguat Giant Tortoise and Cave Reserve,== in dem Riesenschildkröten, die einst auf Rodrigues heimisch waren, auf einem 18 ha großen Gelände wieder angesiedelt werden (tgl. 8.30 bis 17.30 Uhr, www.tortoisecave reserve-rodrigues.com, Tel. 823-8141).

Verkehrsmittel

Etwas außerhalb des Zentrums von Port Mathurin, an der Verlängerung der Rue Jenner jenseits des Baches, liegt der Busbahnhof, von dem die bunt bemalten, oft klapprigen Busse in die größeren der verstreuten Siedlungen und zum Flughafen starten. Der letzte Bus fährt meist gegen 16.30 Uhr, samstags und sonntags sind die Verbindungen sehr unregelmäßig. Das Straßennetz ist teilweise in schlechtem Zustand, weshalb sich ein Geländewagen oder Motorrad zur Erkundung anbieten. Zur Tropfsteinhöhle und zum Korallensteinbruch gelangt man nur mit dem Geländewagen oder zu Fuß.

Es gibt noch recht wenig Verkehr auf Rodrigues; Mountainbikes bieten eine schöne Alternative für die Inselerkundung. Hotels und örtliche Reiseveranstalter vermieten Fahrräder und Mountainbikes.

Wichtige Adressen

■ **Rodrigues Tourism Office,** Rue de la Solidarité, Port Mathurin, Tel. 832-0866, Fax 832-0174, www.tourism-rodrigues.mu.
■ **Rod Tours,** Max Centre, Pointe Venus, Tel. 832-0105, rodtours@intnet.mu, www. mauritours.net. Die größte Agentur der Insel organisiert Ausflüge und bietet Mietwagen an.
■ **2000 Tours,** Rue Max Lucchesi, Port Mathurin, Tel. 831-1894, 2000trs@ intnet.mu. Ausflüge, Bootstouren und Mietwagen.
■ **Air Mauritius,** Rue Max Lucchesi, Port Mathurin: Tel. 831-1632; am Flughafen: Tel. 832-7700.

Unterwegs auf Rodrigues

Port Mathurin **1**

Die Hauptstadt von Rodrigues wirkt dörflich – sie ist genauso herrlich unspektakulär und ruhig wie der Rest der Insel. Die Innenstadt besteht aus jeweils fünf im quadratischen Muster angelegten Straßen, die parallel bzw. vertikal zum Hafen verlaufen. Das höchste Gebäude der Stadt hat vier Etagen, viele der bunten Häuser bestehen aus Wellblech. Die Atmosphäre ist selbst zu Stoßzeiten angenehm entspannt. Es herrscht wenig Verkehr in den Straßen, die meisten Menschen sind zu Fuß oder gelegentlich mit dem Fahrrad unterwegs.

Oberhalb der Stadt steht an der Pointe Canon die Marienstatue **Marie Reine de Rodrigues,** von der man einen wunderschönen Blick auf die Häuser und die sich tiefblau abhebende Fahrrinne zum Hafen von Port Mathurin, La Passe, hat. Hier findet alljährlich am 15. August die traditionelle Himmelfahrtsmesse im Freien statt, zu der die Bewohner aus allen Ortschaften der Insel pilgern.

Obwohl Port Mathurin Zentrum aller wirtschaftlichen und touristischen Aktivitäten der Insel ist, wird es auf den Straßen nach Ladenschluss ab 16 Uhr ziemlich ruhig. Größerer Rummel entsteht, wenn im **Hafen** die Mauritius

11 Entlang der Nordküste und ins Hügelland   Port Mathurin › Baie aux Huitres › Baie du Nord › Plaine Mapou

12 Entlang der Südküste   Anse Mourouk › Port Sud-Est › Caverne Patate › Plaine Corail

Faszinierende Formationen in der Tropfsteinhöhle Caverne Patate

Pride oder Mauritius Trochettia, zwei Fracht- und Passagierschiffe – von der Mutterinsel kommend – anlegen, oder samstags früh, wenn der **Markt** stattfindet.

Rund um den Hafen stehen die wenigen älteren Gebäude der Kolonialzeit. Ihnen gegenüber bewacht eine alte Kanone den Sitz der Inselverwaltung.

Im Stadtzentrum von Port Mathurin befinden sich Büros, Geschäfte, Banken, das Postamt, die Polizeistation, die Feuerwehr, eine Apotheke und ein Kino. In ca. 2 Stunden hat man alles gesehen, einschließlich des kleinen Hafens mit seinem Quai.

Schöne Beispiele kreolischer Baukunst bieten einige Wohnhäuser in der Barclay Street; in der parallel verlaufenden Mann Street befinden sich die aus der Kolonialzeit stammenden Gebäude der Polizeistation und des Gerichtshofs sowie das Postamt.

Shopping

Im Zentrum von Port Mathurin bieten einige verstreute Souvenirläden lokal hergestellte Flechtwaren oder CDs mit traditioneller Musik an. Handeln ist überall erlaubt.

Am westlichen Stadtrand in Camp du Roi liegt das **Atelier der gemeinnützigen Organisation Craft Aid.** Hier kann man die behinderten Arbeiter bei der Fertigung von Schmuck und Dekorationsgegenständen aus Kokosnuss beobachten und sich auch in der hiesigen Imkerei umschauen. Etwa 45 Mitarbeiter zählt die Organisation, die auch eine Schule für behinderte Kinder betreibt. Die Produkte der 1989 von Paul Draper gegründeten Behindertenwerkstatt werden vor Ort verkauft, das Fair Trade-Unternehmen ist durchaus erfolgreich und exportiert seine Produkte zum Teil auch nach Europa.

Frühaufsteher sollten den **samstäglichen Wochenmarkt unweit des Hafenbeckens** in Port Mathurin nicht verpassen, auf dem so gut wie alle Inselprodukte verkauft werden. Bauern und Marktfrauen reisen dafür mit überladenen Körben, lebendigem Vieh und Bündeln von Grünpflanzen von überall her an, manche tragen ihre Ware kilometerweit auf dem Rücken oder Kopf. Der Tag beginnt zeitig, um 8 Uhr ist schon ein großer Teil der Ware verkauft und gegen 10 Uhr geht das Markttreiben seinem Ende entgegen.

Ausflüge
Entlang der Küste nach Grand Baie **2**

Von Port Mathurin führt eine Teerstraße über **Anse aux Anglais** in östlicher Richtung in die 5 km entfernte Bucht von **Grand Baie**, in der einige verstreute Häuschen liegen. Unterwegs passiert man die **Pointe Venus 3**; von hier aus beobachtete der Astronom Abbé Pingré im Mai 1761 erstmalig den Planeten Venus. Heute befindet sich hier das modernste Hotel der Insel auf einer Anhöhe. An der **Anse aux Anglais 4** wird noch immer ein Piratenschatz vermu-

Flechtarbeiten von Rodrigues sind ein beliebtes Souvenir

tet, allerdings soll er nicht der einzige auf der Insel sein… Hier befinden sich mehrere Gästehäuser und kleine Hotels. Die Dorfjugend kickt jeden Nachmittag bei Ebbe im trockenen Bett des Meeresarmes. Ein kurzer, aber lohnenswerter Marsch führt von Grand Baie zum einsamen Strand **Baladirou** 🟥, wo man in Ruhe picknicken und bei einem Bad im Meer entspannen kann (30 Min, einfacher Weg).

■ **Pointe Vénus Hotel & Spa**
Mount Venus
Tel. 832-0100
www.anthurium.com
Im Jahr 2005 eröffnetes Hotel mit 54 Zimmern, ca. 10 Min. vom Strand entfernt. Zwei Restaurants, Miniclub, großer Pool, Schönheitssalon, Spa. ●●

■ **Les Cocotiers**
Anse aux Anglais
Tel. 831-2866
www.maurinet.com

Kleines, modern ausgestattetes Hotel direkt am Strand, Restaurant mit kreolischer Küche. ●

Im Boot zur Vogelinsel: Ile aux Cocos 🟥

Ein beliebtes Ziel ist die Ausflugsinsel Ilot Coco (oder auch Ile aux Cocos), eine 1,5 km lange, flache Sandbank, die mit Filaos, Kokospalmen und Akazien bewachsen ist und auf der Tausende von Vögeln nisten. Zu ihrem Schutz wurde ein Teil der Insel für Tagesbesucher geschlossen. Häufig halten sich hier weiße Fregattvögel (*Vièrge*), schwarze Macouas, *Yéyé* (Seeschwalben, *Sterne Brunes*), weiße Sturmvögel (*Maleines*) und weitere Arten auf, die in Astgabeln ihre Nester bauen. Ein schöner Rundweg führt durch einen Teil des Nistgebiets. Im seichten Wasser kann man kaum baden, jedoch am pulvrigen Sandstrand entspannen.

Ab Port Mathurin benötigt eine Motorpiroge etwa 2 Std., ab Baie du Nord ca. 1 Std. Bei der Anfahrt muss der Kapitän das Boot geschickt durchs seichte Wasser der Fahrrinne lotsen und viele Korallenstöcke umfahren. Bei Ebbe watet man vor der Abfahrt etwa 20 Minuten lang durchs nur Zentimeter tiefe Wasser der Lagune bis zum weit entfernt ankernden Boot.

Gleich nördlich der Ilot Coco liegt die etwas kleinere Ile aux Sables (Ilot Sables). Auch auf ihr brüten riesige Vogelkolonien; als Naturschutzgebiet ist sie für Besucher nicht zugänglich.

Rodrigues hat sich auf Rinderzucht spezialisiert

Anse Mourouk 7

Vor der Südwestküste liegen zahlreiche unbewohnte Inselchen.
Schon von fern hört man von der
Ile Crabe das Blöken der Schafe,
die im Rahmen eines staatlichen
Entwicklungsprogramms dort gezüchtet werden. Nur beim Mourouk Ebony Hotel gibt es einen
gepflegten Sandstrand, aber auch
hier ist das Wasser bei Ebbe zu
seicht zum Schwimmen. Hingegen tummeln sich fast das ganze
Jahr über Wind- und Kitesurfer in
der Lagune – es weht stetig eine
kräftige Brise und der Surf-Spot
ist unter Kennern sehr beliebt.

Der Saft einer frischen Kokosnuss
schmeckt köstlich

Hotel

Mourouk Ebony Hotel
Pâté Reynieux
Mourouk
Tel. 832-3351
www.mouroukebonyhotel.com
**Hübsches, persönlich geführtes
Bungalowhotel** mit 30 komfortablen
Zimmern und anspruchsvoller Küche.
Tauchschule, Kite- und Windsurf-
zentrum. Ein paradiesischer Ort voller
Ruhe und Beschaulichkeit. ●●

Ausflug ins bergige Inselinnere

Die in west-östlicher Richtung
verlaufende Inselhauptstraße führt
über den 396 m hohen **Mont Limon 8**. Hier zweigt ein schmaler
Pfad ab, der in wenigen Minuten
auf den Gipfel führt, wo sich ein
herrlicher Blick über die Insel
eröffnet.

In der Ortschaft **Saint Gabriel 9** liegt das größte Gotteshaus

des Indischen Ozeans, die 1939
fertig gestellte katholische Kirche
St. Gabriel, die bis zu 2000 Gläubige fasst. Das dunkle Gebäude
aus Korallensteinen ist innen
recht schlicht. Sonntags strömen
Tausende festlich gekleidete
Menschen hierher. Viele junge
Mädchen verlassen nur zum
Kirchgang das Elternhaus, und so
halten sich immer Scharen von
jungen Männern in der Nähe des
Kirchengebäudes auf, um einen
Blick auf die potentiellen Heirats-
kandidatinnen werfen zu können.

In **Quatre Vents 10** scheint der
Wind tatsächlich aus vier Him-
melsrichtungen gleichzeitig zu
wehen, wegen der hohen Lage
bieten sich von hier aus schöne
Blicke über die Insel bis zur Küste.

Fliegende Hunde

Restaurant

John's Resto Pub
Mangue bei La Ferme
Tel. 831-6306
Rustikales Lokal mit köstlichen
Meeresfrüchten. Nur mittags geöffnet,
So geschl. ●●

Pointe Coton 🇦

Im Osten von Rodrigues befinden
sich die schönsten Strände der Insel, darunter die traumhafte Ba-
debucht des Cotton Bay Hotel an

Putzige Inselbewohner

Auf Rodrigues sind viele rötlich-
braune »fruit bats« zu Hause.
Diese seltenen kleinen Fliegenden
Hunde kann man bei Einbruch der
Dunkelheit beobachten, wenn sie
sich in den Obstbäumen auf Fut-
tersuche begeben.

der Pointe Coton. Der Felsen
Roche Bon Dieu, den man auf
dem Weg dorthin passiert, soll
einst direkt vom Himmel auf die
Erde gefallen sein. Wie ein Geschenk des Himmels wirkt auch
die herrliche Lagunenlandschaft
mit türkisblauem Meer und weißen Stränden an der Pointe
Coton. Weiter im Süden warten
einsame Küstenabschnitte und
herrliche Strände, zu denen man
allerdings nur zu Fuß gelangt (>
Ausflug unten).

Hotel

Cotton Bay
Pointe Coton
Tel. 831-8001
www.cottonbayhotel.biz
Bei Naturliebhabern und Hochzeits-
reisenden beliebte Hotelanlage;
48 komfortable Zimmer in einstöcki-
gen Bungalows mit Meerblick. ●●

Ausflug entlang der Küste nach Petit Gravier 🇧

Besonders schön ist eine Küsten-
wanderung von Pointe Coton
über St. François bis Petit Gravier,
entlang der schönsten Strände der
Insel: Anse Bouteille (Flaschen-
bucht) und Trou d'Argent (Silber-
loch), an denen man auch herrlich
schnorcheln kann (ca. 4 Std. einfacher Weg). Am Wegesrand bieten sich Einblicke ins Leben der
Bevölkerung, in Landschaftsfor-
men, Flora und Fauna.

Wanderungen durch die faszinierende Lavalandschaft am Vulkan
sind ein absolutes Highlight

La Réunion:
Der Norden und Westen

Zur Orientierung

Ein Besuch auf La Réunion beginnt fast immer im Norden der Insel, da hier die Hauptstadt sowie der internationale Flughafen liegen – wer zum Strand will, muss jedoch in den Westen weiterfahren.

St-Denis, die Hauptstadt Réunions, ist Handels-, Kultur-, Bildungs- und Verwaltungszentrum. Sie wirkt in manchen Teilen fast europäisch, bietet jedoch eine bunte Mischung aus Modernität und kolonialer Vergangenheit.

Die spektakuläre Route du Littoral führt unterhalb eines Steilhangs entlang der Küste in den Westen nach La Possession, wo die Insel einst für Frankreich in Besitz genommen wurde. Internationaler Umschlagplatz ist der große Hafen von Le Port, die Stadt selbst wirkt trotz ihrer Bedeutung für die Wirtschaft der Insel recht verschlafen. Südwestlich davon beginnt die Sonnenseite von La Réunion; dieser wärmste und sonnigste Teil der Insel reicht von der Bucht von St-Paul bis hinab nach St-Pierre. Hier befindet sich die größte Lagune mit den schönsten Badeständen und den meisten Unterkünften; Wassersport wird hier groß geschrieben. Vor allem die Küstenorte Boucan-Canot, St-Gilles-les-Bains, L'Hermitage und La Saline halten ein breites Angebot für Touristen bereit; es gibt Bars, Restaurants, Diskotheken, Konzerte und Attrak-

tionen. Während in den Städten und Badeorten an der Westküste reger Betrieb herrscht, dominiert im Innern der Insel die gewaltige, unbezähmte Natur. Im selbst heute nur zu Fuß oder mit dem Hubschrauber erreichbaren Cirque de Mafate leben Nachfahren entlaufener Sklaven, von denen einige das Meer nur vom Hörensagen kennen. Der Cirque de Cilaos ist nicht minder eindrucksvoll, allein schon die Fahrt in den Talkessel ist einmalig. Zahlreiche Schluchten, Wälder, Gipfel und Wasserfälle locken Wanderer und Extremsportler an.

Touren in der Region

Rundtour in die Höhen und ans Meer

⊐13⊐ St-Leu › Kelonia › Jardin Botanique de Mascarin › Les Colimaçons › Stella Matutina › St-Leu

Länge: 1 Tag
Praktische Hinweise: Die Strecke ist sehr kurvenreich, fahren Sie äußerst vorsichtig. Entgegenkommende Fahrzeuge, vor allem Busse und LKWs, hupen häufig kurz vor unübersichtlichen Kurven; dann gilt es unbedingt anzuhalten, um diese Gefährte vorbeizulassen.

Vom Ortszentrum in **St-Leu** ❯ S. 123 fährt man nach Norden bis zum Meeresschildkröten-Observatorium **Kélonia** ❯ S. 123 an der Pointe des Châteaux.

Gegenüber der Anlage führt eine Straße nach Les Colimaçons und weiter nach **Les-Colimaçons-les-Hauts**. Auf dem einstigen Besitz des Grafen de Chateauvieux hat man das **Conservatoire Botanique National de Mascarin** gegründet. Das wunderschöne, 12 ha große Gelände dient als Konservatorium für die bedrohten Pflanzen Réunions; ein Rundgang bezieht auch die Besichtigung der alten kreolischen Wohngebäude und der Produktionsanlagen mit ein (Di bis So 9 bis 17 Uhr; Tel. 02 62 24 92 27, www.cbnm.org).

Die reizvolle Höhenstraße D 3 führt über La Chaloupe St-Leu durch viele Flusstäler am Bergrücken entlang bis nach Le Plate. Hinter dem Dorf zweigt die D 15 nach Piton St-Leu ab, über Hunderte von Kurven geht es hinab nach Stella, wo sich in einer ehemaligen Zuckerfabrik das äußerst interessante **Museum Agricole et Industriel Stella Matutina** befindet (Di–So 9.30–17.30 Uhr).

Von hier ist es nicht mehr weit bis zur Küstenstraße, auf der man von Süden zurück ins Zentrum von St-Leu gelangt.

Länge: 2–3 Tage
Praktische Hinweise: Auf der kurvenreichen, an Steilhängen entlangführenden Straße sollte man sehr vorsichtig fahren und auf Steinschlag und entgegenkommende Fahrzeuge achten, die häufig hupen. Halten Sie nicht an unübersichtlichen Stellen, sondern nur in dafür vorgesehenen Buchten. Bei Nässe ist besondere Vorsicht geboten, meiden Sie die Strecke nach Stürmen.

Zu Beginn des 19. Jhs., als die Thermalquellen von Cilaos entdeckt wurden, ließen sich die Kranken und Reichen von Trägern auf das 1200 m über dem Meeresspiegel gelegene Hochplateau in diesem zerklüfteten Cirque hinaufbringen. **Le Pavillon,** wo die Bergflüsse Petit und Grand Bras de Cilaos brausend zusammenfinden, war einst der erste Rastplatz für die müden Träger. Die Streckenführung oberhalb von Le Pavillon ist kurios: Eine kurvenreiche Anfahrt führt zu einer Brücke, die das obere und untere Teilstück der Bergstraße miteinander verbindet.

Von **Cilaos** ❯ S. 125, dem höchstgelegenen Thermalbadeort im Indischen Ozean, bietet sich ein herrliches Panorama mit dem **Piton des Neiges** (3070 m) ❯ S. 120 und dem **Grand-Bénard-Massiv** (2896 m). Es lohnt sich, einige Übernachtungen in Cilaos einzuplanen, um durch die faszinierende Bergwelt zu wandern

7 In den ***Cirque de Cilaos

⊖ ⑭ ❯ **St-Louis** ❯ **Cilaos** ❯ **Bras Sec** ❯ **Wanderung nach Le Pavillon**

und vielleicht zum höchsten Gipfel der Insel hinaufzusteigen (❯ S. 120). Auch Kletterer, Mountainbiker und Canyoning-Begeisterte finden hier ein geeignetes Terrain. Südwestlich von Cilaos liegt **Ilet à Cordes** in der Einsamkeit der Berge. Der 22 km lange Abstecher in das Bergdorf beginnt oberhalb der Kirche von Cilaos und führt vorbei am Wanderweg zum Col du Taïbit.

—④—

Zwei Wochen Réunion auf Schusters Rappen   St-Denis ❯ Roche Ecrite ❯ Mafate ❯ Cilaos ❯ Piton des Neiges ❯ Salazie ❯ Plaine des Palmistes ❯ Piton de la Fournaise ❯ St-Philippe (Tourenbeschreibung ❯ S. 18)

—⑬—

Rundtour in die Höhen und ans Meer   St-Leu ❯ Kelonia ❯ Les Colimaçons ❯ St-Leu

—⑭—

In den Cirque de Cilaos   St-Louis ❯ Cilaos ❯ Bras Sec ❯ Le Pavillon

—⑮—

Entre-Deux und Le Dimitile St-Louis ❯ Entre Deux ❯ Dimitile

—⑯—

In den Cirque de Salazie St-André ❯ Salazie ❯ Hell-Bourg ❯ Bélouve

—⑰—

Zu Seen, Wasserfällen und in den Urwald   St-Benoît ❯ Grand Etang ❯ Plaine des Palmistes ❯ Bélouve ❯ Trou de Fer

—⑱—

Fahrt zur Mondlandschaft rund um den Piton de la Fournaise St-Pierre ❯ Bourg-Murat ❯ Piton de la Fournaise

La Réunion

0 ————————— 10 km

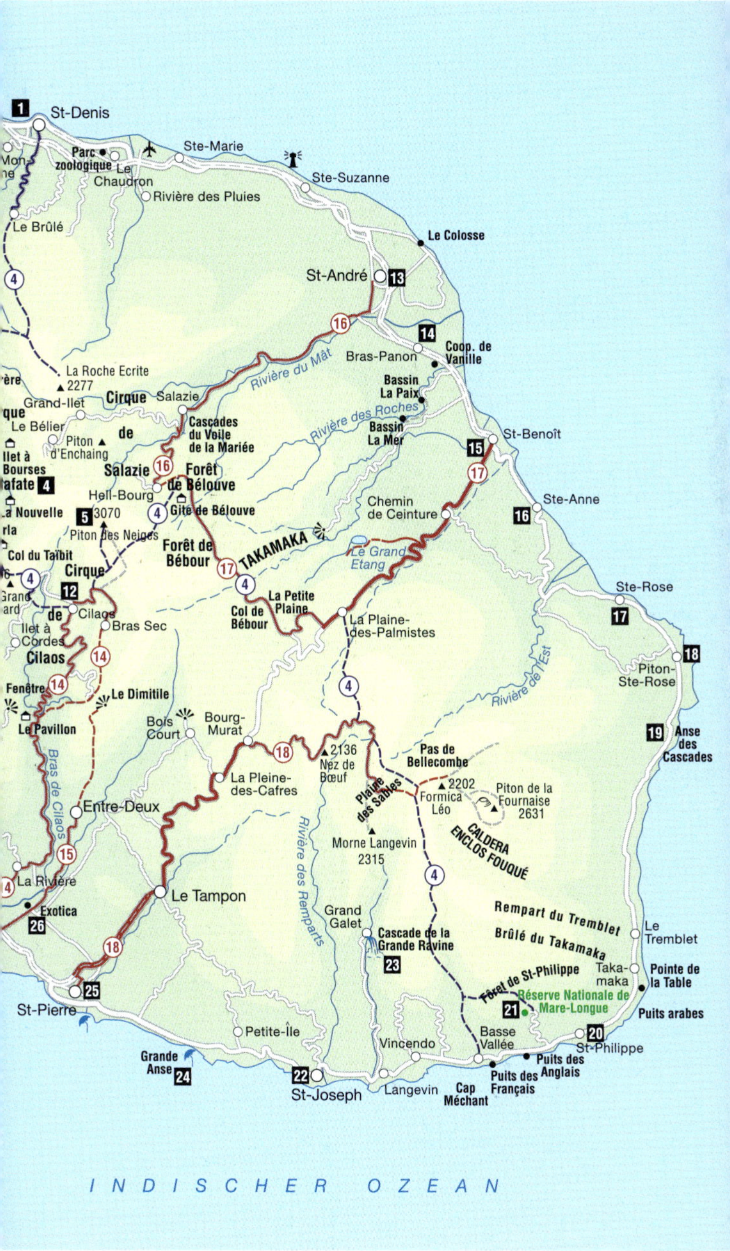
St-Denis
Ste-Marie
Parc zoologique
Le Chaudron
Rivière des Pluies
Ste-Suzanne
Le Brûlé
Le Colosse
St-André
Bras-Panon
Coop. de Vanille
Bassin La Paix
Rivière du Mât
Rivière des Roches
Bassin La Mer
St-Benoît
La Roche Ecrite
2277
Grand-Ilet
Cirque de Salazie
Salazie
Cascades du Voile de la Mariée
Le Bélier
Piton d'Enchaing
Forêt de Bélouve
Hell-Bourg
Gîte de Bélouve
3070
Piton des Neiges
Col du Taïbit
Forêt de Bébour
TAKAMAKA
Chemin de Ceinture
Ste-Anne
Le Grand Etang
Cirque de Cilaos
Cilaos
Bras Sec
Ilet à Cordes
La Petite Plaine
Col de Bébour
La Plaine-des-Palmistes
Ste-Rose
Piton-Ste-Rose
Rivière de l'Est
Fenêtre
Le Dimitile
Le Pavillon
Bois Court
Bourg-Murat
2136 Nez de Bœuf
Pas de Bellecombe
Anse des Cascades
Bras de Cilaos
La Pleine-des-Cafres
Plaine des Sables
2202 Formica Léo
Piton de la Fournaise 2631
Entre-Deux
CALDERA ENCLOS FOUQUÉ
Morne Langevin 2315
La Rivière
Le Tampon
Rivière des Remparts
Exotica
Rempart du Tremblet
Le Tremblet
Grand Galet
Cascade de la Grande Ravine
Brûlé du Takamaka
Taka-maka
Pointe de la Table
Forêt de St-Philippe
Réserve Nationale de Mare-Longue
Puits arabes
St-Pierre
Petite-Île
Vincendo
Basse Vallée
St-Philippe
Grande Anse
St-Joseph
Langevin
Cap Méchant
Puits des Français
Puits des Anglais
INDISCHER OZEAN

Picknick im Cirque de Cilaos

Sie folgen nun der Straße in Richtung Osten nach **Bras Sec** durch dichte Nadelholzwälder, in denen der Wanderweg auf den Piton des Neiges beginnt. Alternativ führt eine schöne, aber anstrengende Wanderung von der Ortsmitte entlang dem kleinen See über das Gelände der ehemaligen Thermen durch mehrere Flusstäler nach Bras Sec. Dort beginnt die Wanderung nach Palmiste Rouge, vorbei am Bergmassiv des Bonnet de Prêtre (Priesterhaube).

Man kann mit dem Bus zurückkehren oder vorbei an den Hütten des idyllischen Fleckens Ilet Haut weiterwandern bis nach **Le Pavillon,** wo es Busverbindungen gibt (Länge: 13 km, ca. 6 Std. für Hin- und Rückweg).

Entre-Deux und Le Dimitile

🚌 ⑮ St-Louis › Pierrefonds › **Entre Deux › Wanderung zum Dimitile**

Länge: 1–2 Tage

Praktische Hinweise: Die Anfahrt nach Entre-Deux führt durch ein schönes, tiefes Flusstal. Die Strecke hinauf zum Dimitile ist unbefestigt und nur mit einem Allradwagen zu bewältigen.

Schöner und lohnenswerter ist die Wanderung, die jedoch stets bergan führt und eine recht gute Kondition erfordert. In den Höhen von Le Dimitile liegen einige Pensionen und Wanderhütten; es lohnt sich, hier zu übernachten, da die Aussicht in den Cirque de Cilaos frühmorgens am besten ist und nach 9 Uhr meistens durch Wolken versperrt wird. Auch im Ort Entre-Deux gibt es einige schöne Unterkünfte.

Entre-Deux ist ein kleines, verträumtes kreolisches Dörfchen mit schönen blumengeschmückten Häusern im traditionellen Stil. Es liegt recht abseits oberhalb von St-Louis, ca. 15 km von St-Pierre entfernt, in einem hübschen Tal und ist sicher eine der schönsten Inselsiedlungen.

Von hier aus starten Wanderwege zum Aussichtspunkt **Le Dimitile** über den ***Cirque de Cilaos.** Die schönste, wenn auch längste Route nimmt einen kleinen Umweg über Le Zèbre und La Grande Jument. Die Strecke ist beschildert und markiert. Am Aussichtspunkt befindet man sich an der südöstlichen Cirquewand, gegenüber vom Aussichtspunkt La Fenêtre (einfache Strecke: 8 km, ca. 4 Std.).

Unterwegs im Norden und Westen

St-Denis 1

Die Hauptstadt von Réunion zählt 220 000 Einwohner, sie lässt sich in einem halben Tag bequem erkunden. Ihre Entwicklung geht auf den ideenreichen Gouverneur Mahé de Labourdonnais zurück. Er ernannte 1735 das damalige Dorf zum Sitz der Kolonialverwaltung, begann mit dem Ausbau des Hafens und legte die Innenstadt schachbrettartig an. Rund

100 Jahre später ließen sich die reichen Zuckerbarone hier Prachtvillen erbauen, in denen sie angemessen repräsentieren und feiern konnten. Dennoch blieb St-Denis eine verträumte Kleinstadt, bis 1946 mit der Ernennung zur Hauptstadt des französischen Übersee-Départements Réunion neue Zeiten anbrachen. Im Zentrum herrscht Parkplatznot, auf den Hauptverkehrsadern drängeln sich die Fahrzeuge, die Vor-

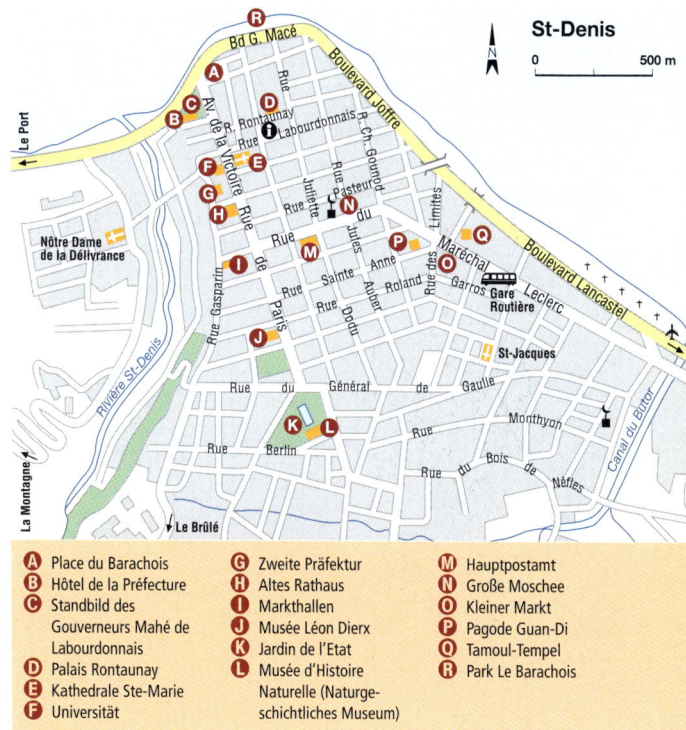

A Place du Barachois	**G** Zweite Präfektur	**M** Hauptpostamt
B Hôtel de la Préfecture	**H** Altes Rathaus	**N** Große Moschee
C Standbild des	**I** Markthallen	**O** Kleiner Markt
Gouverneurs Mahé de	**J** Musée Léon Dierx	**P** Pagode Guan-Di
Labourdonnais	**K** Jardin de l'Etat	**Q** Tamoul-Tempel
D Palais Rontaunay	**L** Musée d'Histoire	**R** Park Le Barachois
E Kathedrale Ste-Marie	Naturelle (Naturge-	
F Universität	schichtliches Museum)	

orte und Nachbarstädte werden immer dichter besiedelt. Neben den alten Kolonialvillen stehen moderne Bürogebäude, und an den Berghängen, die St-Denis im Süden begrenzen, ziehen sich exklusive Wohnviertel hinauf.

Die **Place du Barachois**  **Ⓐ** eignet sich sehr gut als Ausgangspunkt für einen Stadtrundgang. Das **Hôtel de la Préfecture Ⓑ** ließ die Ostindien-Kompanie als Kaffeespeicher errichten. Später wurde er zum prachtvollen Repräsentationsbau, dem Gouverneurspalast, erweitert. Heute arbeitet hier der Präfekt; eine Besichtigung ist nicht möglich. Im benachbarten Park steht ein **Standbild des Gouverneurs Mahé de Labourdonnais Ⓒ**. Vor allem in der Avenue de la Victoire, der **Rue de Paris,* der Rue de Nice und der Rue Rontaunay sind noch einige Kolonialvillen erhalten, unter denen das **Palais Rontaunay Ⓓ** mit seinem prächtigen Garten zu den schönsten zählt.

Im Giebel der schlichten, weißen **Kathedrale Ste-Marie Ⓔ** ist die Leidensgeschichte des hl. Dionysius (St-Denis) dargestellt. Gegenüber steht ein altes Gebäude der **Universität Ⓕ** aus dem 18. Jh. Die meisten Fakultäten und Institute befinden sich heute auf dem modernen Campus im Vorort Chaudron. Die mit zahlreichen Säulen versehene, direkt angrenzende **Zweite Präfektur Ⓖ** umgibt ein kleiner tropischer Park. Die Siegessäule, die an das Ende des Ersten Weltkrieges erinnert, markiert den Beginn der Rue de Paris, in der das **Alte Rathaus Ⓗ** steht. Die Rue du Maréchal-Leclerc gilt als Haupteinkaufsstraße. Banken, Warenhäuser und elegante Boutiquen wechseln sich ab, Straßenhändler werben um Kunden. Im westlichen Teil der Straße liegen die **Markthallen Ⓘ** des Grand Marché, in dem Kunsthandwerk und Souvenirs, vor allem aus Madagaskar, verkauft werden.

Lebhaftes Treiben herrscht in der Rue du Maréchal-Leclerc

Im **Musée Léon Dierx** ❶ in der Rue de Paris ist neben den Werken des einheimischen Malers Dierx eine Sammlung moderner Malerei mit Bildern von Gauguin, Matisse und Picasso zu sehen. Das 1846 errichtete Haus diente einst als Bischofsresidenz (Di–So 9.30–17.30 Uhr).

Der mit altem Baumbestand bestückte ***Jardin de l'Etat** ❶ ist ca. 300 m entfernt. Zwischen den tropischen Bäumen und Büschen, die von Pierre Poivre angelegt wurden, liegt das **Naturgeschichtliche Museum** ❶ in den Räumen des ehemaligen Justizpalastes (Di–So 9.30–17.30 Uhr). Es informiert über Fauna, Gesteine und Mineralien der Insel.

In der Fußgängerzone Rue du Maréchal-Leclerc befindet sich das **Hauptpostamt** ❶.

Schon von weitem erkennbar ist das hohe Minarett der 1905 erbauten **Großen Moschee** ❶, deren schlichtes Inneres besichtigt werden darf. Auf dem **Kleinen Markt** ❶ in der Rue Ste-Anne herrscht am Vormittag (außer sonntags) dichtes Gedränge um die Obst- und Gemüsestände. Die angrenzende Rue des Limites markierte einst die Grenze zwischen bürgerlichen Besitzungen und den Zuckerrohrfeldern außerhalb der Stadt.

Im ehemaligen chinesischen Viertel, dem Zentrum des Buddhismus, liegt ebenfalls in der Rue Ste-Anne die **Pagode Guan-Di** ❶. Der hinduistische **Tamoul-Tempel** ❶ eine Straße weiter stadtauswärts ist Shiva und dem

Elefantengott Ganesha geweiht, er kann nicht besichtigt werden.

An der Uferpromenade, an der zahlreiche Restaurants und Cafés um Kundschaft werben, lädt der **Park Le Barachois** ❶ zu einer Rast ein; er wurde 2008 neu gestaltet und aufgewertet. Insbesondere am frühen Abend kann man von hier aus den herrlichen Sonnenuntergang genießen. Hier verlief früher die alte Inseleisenbahn von St-Benoît nach St-Pierre. Sie wurde Anfang der 1960er-Jahre stillgelegt und im Gegenzug die ***Route du Littoral,** die vierspurige Küstenstraße nach La Possession, ausgebaut. Nach 13 Jahren Bauzeit konnte die »teuerste Autobahn der Welt« eingeweiht werden – 250 Mio. Francs (über 38 Mio. €) wurden investiert, und Jahr für Jahr kommen Unsummen für die Instandhaltung hinzu, denn jedes Unwetter bringt Überschwemmungen, löst Felsbrocken aus den Steilwänden und erfordert neue Sicherheitsmaßnahmen.

Info

■ **Office de Tourisme de St-Denis**
Villa Carrère
14 rue de Paris
Tel. 02 62 41 83 00
www.nord.reunion.fr
Geöffnet Mo–Sa 9–12.30, 13–18 Uhr.

■ **Maison de la Montagne**
(Loisirs Accueil)
5 bis, rue Rontaunay
Tel. 02 62 90 78 78 oder
02 62 90 78 90
www.reunion-nature.com
Mo–Do 9–17, Fr 9–16 Uhr.

■ Internationaler Flughafen Roland Garros

ca. 10 km östl. der Hauptstadt
Tel. 02 62 48 80 00 oder
02 62 48 81 81
Shuttlebusse verkehren in die Stadt
zur Gare Routière (7–19.45 Uhr,
Tel. 08 00 65 56 55).

■ Zentraler Busbahnhof (Gare Routière)

Rue du Marechal Leclerc
Tel. 02 62 48 48 48 (St-Denis/
Nahverkehr), Tel. 02 62 41 51 10
oder 08 10 12 39 74 (Inselverkehr)

Hotels

■ Le Juliette Dodu

31, rue Juliette Dodu
Tel. 02 62 20 91 20
www.hotel-jdodu.com
Stadthotel in einem kreolischen
Herrenhaus in zentraler, aber ruhiger
Lage; 43 Zimmer und Suiten. Gutes
Restaurant, Pool. ●●●

■ Le Central Hôtel

37, rue de la Compagnie
Tel. 02 62 94 18 08
www.ilereunion.com/centralhotel.
htm
Kleines Stadthotel in zentraler
Lage, ruhigere Zimmer zum Innenhof.
●●

■ La Marianne

5, ruelle Boulot
Tel. 02 62 21 80 80
Fax 02 62 21 85 00
hotel-la-marianne@wanadoo.fr
Freundliches Hotel im kreolischen Stil
nahe dem Jardin de l'Etat. ●

Restaurants

■ Le Labourdonnais

14, rue Amiral-Lacaze
Tel. 02 62 21 44 26

Französische Küche für höchste An-
sprüche. ●●●

■ Le Reflet des Iles

27, rue de l'Est
Tel. 02 62 21 73 82
Hervorragende kreolische Küche;
Mo geschl. ●●

■ Le Roland Garros

2, place du 20 décembre 1848
Barachois
Tel. 02 62 41 44 37
Ein Hauch von Pariser Bistro an der
Uferpromenade. ●●

Shopping

■ Grand Marché

2, rue de la Marechal Leclerc
Bunte Stände voller einheimischer und
importierter Waren und Souvenirs;
Mo–Sa 9–18 Uhr.

■ Galerie artisanale

75, route du Karting (im Supermarché
Carrefour), Ste-Clotilde
Umfangreiches Angebot von kunst-
gewerblichen Produkten aus Réunion;
Mo–Sa 8.30–18 Uhr.

Nightlife

■ Théâtre de Champ-Fleuri

Avenue André-Malraux
Tel. 02 62 30 08 00
Bunter Mix aus Theater, Konzerten,
Ausstellungen und Tanzvorführungen.
Das Programm des Veranstaltungs-
ortes kann man den Tageszeitungen
entnehmen.

■ Zanzibar Café

41, rue Pasteur
Tel. 02 62 20 01 18
In-Pub mit viel Livemusik und jungem
Publikum.

■ Baccara Casino de St-Denis

Place du Barachois
Tel. 02 62 41 33 33

Black Jack, amerikanisches Roulette,
Baccarat; tgl. 21.30–1 bzw. 3 Uhr;
Spielautomaten tgl. 11–1 bzw. 3 Uhr.

■ **Le First**

8, avenue de la Victoire

Tel. 02 62 41 68 25

Exklusive Disko; Do–So ab 22 Uhr.

St-Paul ▣

Das kleine Küstenstädtchen war
einst Hauptstadt der Insel, das alte
Rathaus Sitz der mächtigen Ostindien-Kompanie. Heute geht es
zumeist ruhig zu in St-Paul.

Das Grab des Piraten La Buse
in St-Paul

8 Am Freitagnachmittag und
Samstagvormittag ändert
sich dieses Bild jedoch, da dreht
sich alles um den **bunten Markt
an der Uferstraße:** Händler breiten ihre Waren aus, Menschen aus
der ganzen Gegend pilgern zum
schönsten Wochenmarkt der Insel. Kreolische Musik ertönt von
den Fleischtheken, Produkte werden lautstark angeboten, es wird
gefeilscht, gehandelt und geprüft.
Auch die Touristen genießen den
Rummel und staunen über das
vielfältige, exotische Angebot und
die große Auswahl an Mitbring-
seln und Souvenirs. Viele bleiben
freitags gerne noch nach 18 Uhr,
wenn die Händler ihre Stände
flink abbauen, um beim Sonnenuntergang in einer der Snackbars
am Strand den Tag ausklingen zu
lassen.

Auf dem **Cimetière marin** am
westlichen Ortsrand wurden neben Seeleuten der auf Réunion
geborene Dichter Leconte de Lisle
und der berühmt-berüchtigte Pi-

rat **La Buse** beigesetzt. Obwohl
der Seeräuber vermutlich kein eigenes Grab bekam und gar nicht
hier beerdigt wurde, verehren die
Inselbewohner seine Grabstätte
wie ein Heiligtum. Am Strand vor
St-Paul sowie an den weiter südlich gelegenen Buchten vor dem
Cap de la Houssaye kann man
nicht baden. In Richtung St-Gilles-les-Bains wird das dunkle Lavagestein an der Küste allmählich
von helleren Sandstränden mit
Bademöglichkeit abgelöst.

9 Ausflug: Fahrt auf den **Piton Maïdo ▣

Zu dem 2203 m hohen Berg und
Aussichtspunkt sollte man möglichst früh am Morgen aufbrechen, um von dort einen freien
Blick in den zerklüfteten Talkessel
von Mafate zu genießen – selbst
bei guter Wetterlage sind die hohen Berge spätestens ab Mittag
wolkenverhangen. Für die Sehenswürdigkeiten unterwegs ist dann
auf dem Rückweg noch Zeit.

Blick in den Talkessel Cirque de Mafate

⚠️ Nehmen Sie einen Picknickkorb mit, denn auf der Rückfahrt laden unterhalb des Piton Maïdo herrliche Picknickplätze im Tamarindenwald zu einer Rast ein (am Wochenende überfüllt).

Von St-Gilles-les-Bains fährt man in Richtung St-Gilles-les-

***Cirque de Mafate 4

Mit seinen schroffen Berghängen und den winzigen Dörfern wirkt der Talkessel Mafate überaus unzugänglich. VomPiton Maïdo ❯ S. 117 schweift der Blick zu den Gipfeln Roche Ecrite (2277 m), Grand Bénard (2896 m) und dem mächtigen Piton des Neiges (3069 m) ❯ S. 120. Der Talkessel selbst ist zu Fuß auf anspruchsvollen Wegen vom Piton Maïdo oder den anderen beiden Talkesseln aus erreichbar. Wanderer können in Berghütten übernachten, müssen aber reservieren (Maison de la Montagne, ❯ S. 115). Auch Camping ist vielerorts möglich.

Hauts. Die Chapelle Pointue weist den Weg nach **Le Guillaume,** von dort schlängelt sich eine gut befestigte Forststraße hinauf zum Piton Maïdo (Fahrtdauer ca. 1 Std. ab St-Gilles-les-Bains). Am Endpunkt der Straße erreicht man vom Parkplatz mit wenigen Schritten den Aussichtspunkt am Kraterrand des ***Cirque de Mafate,** von dem aus man einen fantastischen Blick über den Talkessel hat. Vom ca. 350 m tiefer gelegenen Ort Roche Plate hört man sogar das Bellen der Hunde, das an der steilen Cirquewand hinaufschallt. Auf dem Rückweg besteht bei **La Petite France** die Möglichkeit, eine der letzten Produktionsstätten von Parfümöl zu besichtigen, das hier in einem langwierigen Prozess aus den Blättern und Stängeln der Geranien destilliert wird.

Westlich des Dorfes St. Gilles-les-Hauts, in Richtung St-Gilles-les-Bains, passiert man das **Théâtre de Plein Air** und die stillgelegte **Zuckerrohrfabrik l'Eperon.** Auf dem Gelände arbeiten seit einigen Jahren Keramiker, Bildhauer, Schmuckhersteller und andere Künstler im Kunsthandwerkerdorf l'Eperon. Es gibt eine Verkaufsausstellung (Mo bis Sa 9–12 und 14–18 Uhr) sowie ein Restaurant mit leichter Küche und einen Pub.

Entlang der Strecke zum Maïdo bieten verschiedene Pensionen *(chambres d'hôtes)* Übernachtungsmöglichkeiten. Adressen sind in der Broschüre RUNGuide aufgeführt, erhältlich bei den Touristeninformationen.

Wandern auf La Réunion

Die Bergwelt Réunions ist faszinierend und mysteriös zugleich. Jeden Vormittag versinken die Gipfel in den Wolken und benetzt der Nebel die Wedel der Baumfarne mit Tau. Frühaufsteher werden mit fantastischen Blicken auf das schroffe Relief und den blau schimmernden Horizont belohnt. Durchweg gut markierte und unterhaltene Wege führen durch diese bizarre Bergwelt, doch bedingt durch das tropisch-feuchte Klima, die intensive Sonneneinstrahlung und die bisweilen großen Höhenunterschiede sind manche Touren recht anspruchsvoll und anstrengend. Mit plötzlichen Wetterumschwüngen muss gerechnet werden, deshalb sollte man nie ohne warme Kleidung, festes Schuhwerk, Regen- und Sonnenschutz losmarschieren und nur gekennzeichneten Wegen folgen.

Nach 15-jähriger Planungs- und Vorbereitungszeit entstand im März 2008 um den Vulkan Piton de la Fournaise, Grand Bassin und die Primärwälder sowie um die Talkessel von Mafate, Cilaos, Salazie und die Hochebenen ein neuer Nationalpark mit einer Gesamtfläche von 1750 km².

Auskünfte über den Zustand der Wege und zu geführten Wanderungen sowie detaillierte Karten erhält man beim **Maison de la Montagne** (www.reunion-nature. com) › S. 115, das auch über Übernachtungsmöglichkeiten in den Berghütten informiert (Decken sind vorhanden, in manchen Hütten Verpflegung möglich). Komfortabler als in einer Berghütte *(gîte)* nächtigt man in Pensionen *(chambres d'hôtes)*; Adressen in der Broschüre RUNGuide der Touristeninformationen sowie in den Fremdenverkehrsämtern selbst, wo Sie auch buchen können.

Von Cirque zu Cirque

Cirques – so heißen die drei tiefen, unwegsamen Talkessel von **Cilaos**, **Salazie** und **Mafate,** die wie ein Kleeblatt um den Piton des Neiges liegen. Als dessen vulkanische Tätigkeit erlosch, sackte der Boden um den herausragenden Schlot ab und gewaltige Wassermassen schufen ein einmaliges Kunstwerk aus Lavagestein, umrankt von sattem Grün. Ein dichtes Netz von gut markierten Wegen führt von Cirque zu Cirque; zahlreiche Hütten bieten Unterkunft (s. auch Tour 4).

Auf den **Piton des Neiges** 5

Ein Sonnenaufgang auf dem höchsten Gipfel (3070 m) im Indischen Ozean – für viele Wanderer der Traum schlechthin. Planen Sie dafür eine Übernachtung in der einfachen Berghütte Caverne Dufour am Fuß des Gipfels ein. Steil und anstrengend ist der kürzeste Anstieg, der im Cirque de Cilaos beginnt (8 km, 4 Std.); deutlich länger, dafür aber auch sanfter die Variante von Plaine des Cafres (17 km, 6 Std.). Die beiden Anmärsche von Hell-Bourg im Cirque de Salazie verlangen einiges an Erfahrung und Kondition (7 oder 9 Std., anspruchsvoll).

10 Mondlandschaft um den Vulkan

Die Besteigung des noch tätigen Vulkans **Piton de la Fournaise** zählt zu den Klassikern unter den Gipfeltouren, weniger hingegen die Erkundung seiner Umgebung. Herrliche Ausblicke auf den Vulkan und Lavaflüsse aus neuerer Zeit bietet der Pfad vom Pas de Bellecombe entlang des Kraterrandes Richtung Nez Coupé du Tremblet. Ebenso lohnt der Rundweg zum Morne Langevin oberhalb der Plaine des Sables an die Abbruchkanten der Flüsse Rivière Langevin und Remparts (4 Std., mittelschwer). Kurze Abstecher zum Cratère Commerson und zum Piton de l'Eau versprechen beeindruckende Einblicke in die mondartige Vulkanlandschaft.

Besonders schön ist der Weg vom Col des Boeufs (Le Belier, Cirque de Salazie) über La Nouvelle nach Marla und weiter über den Col du Taïbit nach Cilaos (2 Tage, 14 km, 9 Std., mittelschwer). Alternativ wandert man von Marla über Les Trois Roches zurück nach La Nouvelle (9 km, 4 Std., mittelschwer).

Im **Musée du Volcan** in Bourg-Murat erklärt eine interessante Ausstellung anschaulich das Phänomen der Vulkane und die Entstehung Réunions (Di–So 9.30 bis 17.30 Uhr, Eintritt 7 €, Tel. 02 62 59 00 26, www.maisondu volcan.fr).

St-Gilles-
les-Bains 6

Boucan-Canot heißt der erste der **beliebten Strände,** die sich über eine Gesamtlänge von 27 km in Richtung Süden erstrecken. Es ist der nördlichste Vorort von **St-Gilles-les-Bains.** An ihm treffen sich Sonnenanbeter, Surfer und Schnorchler; hinter dem Strand bieten Restaurants und Snackbars Spezialitäten an, zwei Hotels liegen direkt am Strand.

St-Gilles-les-Bains ist der bekannteste Badeort Réunions. Entlang der Hauptstraße reihen sich Lokale, Cafés, Boutiquen und Supermärkte aneinander, abends locken ein Kasino, Diskos und Nachtklubs. Die Rue du Général-de-Gaulle führt direkt zum modernen Jachthafen mit 350 Liegeplätzen. Einen Eindruck von der Unterwasserwelt rund um die Insel gibt das Meerwasseraquarium am Port de pêche. **Roches Noires** sowie der sich südlich anschließende Ort **L'Hermitage-les-Bains** warten mit schönen Stränden auf; Surfen, Wasserskifahren, Tauchen und Schnorcheln sind möglich.

Im **Jardin d'Eden** in Hermitage-les-Bains gedeihen über 700 Arten von tropischen Gewürzen, Heilkräutern, Nutz- und Wasserpflanzen (Di–So und feiertags 10–18 Uhr).

Das Hotel Saint-Alexis ist eines der luxuriösesten Hotels auf Réunion

Sehr liebevoll gestaltete Anlage mit stillen Patios und diversen anderen Rückzugsmöglichkeiten, direkt am schönen Sandstrand gelegen. Geschmackvoll dekorierte Zimmer. ●●●

■ **Le Boucan Canot**
Boucan Canot
Tel. 02 62 33 44 44
www.boucancanot.com
Schöne Anlage am Strand; 50 große Zimmer, viele mit Meerblick. Terrassenrestaurant mit Blick auf die Bucht; Kinderermäßigung. ●●●

■ **Grand Hotel du Lagon**
28, rue du Lagon
L'Hermitage
Tel. 02 62 70 00 00
www.naiade.com
Eines der besten Strandhotels der Insel mit 173 Zimmern im kreolischen Stil.

Hotels

■ **Le Saint-Alexis**
Boucan-Canot
Tel. 02 62 24 42 04
www.hotelsaintalexis.com

Freundliche Inselbewohnerin

Großer Pool, Restaurants, Ladenzeile und Miniclub. ●●●

■ **Novotel Saint-Gilles**
L'Hermitage
Tel. 02 62 24 44 44
www.novotel.com
Ruhiges Hotel am Strand von L'Hermitage-les-Bains mit tropischem Garten. Zwei Pools, umfangreiches Sportangebot. ●●●

■ **Alamanda Hotel**
81, Avenue de Bourbon, L'Hermitage
Tel. 02 62 33 10 10
www.alamanda.fr
Hotelanlage im kreolischen Stil mit 58 geräumigen Zimmern, in der Nähe der Lagune. Fitnessstudio, Liegewiese und Pool. ●●

Restaurants

■ **Le Saint-Gilles**
Am Jachthafen
Tel. 02 62 24 51 27
 Meeresfrüchte, köstlich zubereitet.
Mo geschl. ●●

■ **Le Piccolo**
99, rue du Général-de-Gaulle
Tel. 02 62 24 51 51

Alteingesessenes Lokal mit guter italienischer und französischer Küche.
●—●●

Nightlife

■ **Théâtre de Plein Air**
Route du Théâtre
Tel. 02 62 24 47 71
Von März bis Dezember Shows und Konzerte für 1000 Zuschauer.

■ **La Rhumerie**
68, rue du Général-de-Gaulle
Tel. 02 62 24 55 99
Belebter Pub, spätabends tanzen die Gäste bisweilen auf den Tischen.

■ **Moulin du Tango**
St-Gilles
Tel. 02 62 24 53 90
Retro-Disko; Mi, Fr, Sa und vor Feiertagen von 22–4 Uhr.

■ **Casino de St-Gilles**
L'Hermitage
Tel. 02 62 24 47 00
Geöffnet Mo–Do 23–1.30 Uhr, Fr, Sa und vor Feiertagen 23–3.30 Uhr; Spielautomaten Mo–Sa 22–1.30 bzw. 3.30 Uhr.

Ausflüge
Kolonialgeschichte in St-Gilles-les-Hauts 7

Viele auf Réunion verkaufte Postkarten zeigen noch die Wasserfälle von Trois Bassins kurz vor St-Gilles-les-Bains. Sie sind jedoch seit Mitte 2003 aus Naturschutzgründen nicht mehr zugänglich.

In den Ort **St-Gilles-les-Hauts** hatte sich einst eine der reichsten Familien des Landes zurückgezogen. Im ehemaligen Wohnhaus der Zuckerbaronin Madame Desbassayns befindet sich heute das

*Musée de Villèle** (tgl. außer Mo und feiertags 9.30–17.30 Uhr). Hier wird anschaulich vorgeführt, wie im 18. Jh. verschiedene Bevölkerungsschichten ihr Leben fristeten. Die mit Originalmöbeln eingerichtete Villa lässt noch viel vom einstigen Reichtum der Gros Blancs erahnen. Auf dem 10 ha großen Gelände steht auch die Chapelle Pointue, die die religiöse Madame Desbassayns im hohen Alter stiftete. Heute wohnen einige tamilische Hindus in St-Gilles-les-Hauts. Sie errichteten den **Temple Misère** (Zufahrt über Rue Mahatma-Gandhi), wo alljährlich eindrucksvolle Zeremonien wie z.B. der Feuergang (Marche sur le Feu) › S. 58 und farbenprächtige Prozessionen stattfinden. Die genauen Termine der Feierlichkeiten erfragt man am besten direkt im Tempel.

Strandwanderung entlang der Lagune

Südlich des Hafens von St-Gilles beginnt die größte Lagune der Insel. Sie erstreckt sich über eine Länge von 24 km und wird von einem breiten Sandstrand gesäumt. Das sie schützende Korallenriff wird immer wieder von der Macht der Wellen und Stürme stark beschädigt – davon zeugen die vielen Korallenstückchen, die den Sand durchsetzen. Wer ausgiebige Strandspaziergänge liebt, ist hier richtig und kann bis nach Trou d'Eau am Ortsausgang von La Saline-les-Bains laufen; auch viele morgendliche Jogger haben das Terrain für sich entdeckt. Es empfiehlt sich vor allem bei Ebbe, an der Küste entlang zu laufen, unterwegs gibt es einige Einkehrmöglichkeiten in Strandbars.

St-Leu 8

St-Leu ist das Mekka der Wellenreiter und Gleitschirmflieger. Überwiegend lange Wellen und Left-Handers – von rechts nach links auslaufende Wellen – rollen ans Ufer, nichts für Ungeübte, denn das Riff liegt sehr nah unter der Wasseroberfläche. Wenn der Wind nicht zu stark ist, starten täglich Hunderte von Gleitschirmfliegern in den Höhen von St-Leu zu einem Flug. Sie landen meistens am Strand neben dem Schildkrötenobservatorium Kelonia – ein sehens- und erlebenswertes Schauspiel. Tandemflüge werden täglich von verschiedenen Flugschulen angeboten › S. 36.

Zur Zeit des florierenden Kaffeehandels zwischen der Ile Bourbon, Mauritius und dem Mutterland war St-Leu die reichste Gemeinde auf der Insel. Ein Zeugnis vergangenen Wohlstands ist das mit Schindeln aus Tamarindenholz gedeckte Dach des alten Rathauses, ein ehemaliges Gebäude der Ostindien-Kompanie.

Am 19. September jedes Jahres pilgern Tausende von gläubigen Katholiken aus ganz Réunion zur **Wallfahrtskirche Notre-Dame-de-la-Salette,** wo sie um Schutz vor Krankheit und Not bitten. Kurz vor St-Leu liegt das Forschungszentrum **Kelonia-Observatorium für Meeresschildkrö-**

ten (Tel. 02 62 34 81 10). Man hat es sich hier u.a. zur Aufgabe gemacht, den Tieren auf Réunion wieder zu Eiablageplätzen zu verhelfen und verletzte Schildkröten zu pflegen (tgl. 9–18 Uhr).

Am südlichen Ende des Ortes entstand in der ehemaligen Zuckerfabrik ***Stella Matutina** in **Le Piton-St-Leu** 🟦 ein modernes Museum für Landwirtschaft und Industrie, in dem anschaulich die Zuckerproduktion, die Geschichte der Dampfmaschinen, die Nutzung von Duftpflanzen für die Parfümindustrie und der Anbau von Vanille dargestellt werden (Di–So 9.30–17.30 Uhr).

Weiter südlich passiert man die Saline an der Pointe au Sel, hier befindet sich auch ein kleines Museum (Musee du Sel, Tel. 02 62 34 67 00, Di bis So 9.30 bis 17 Uhr).

Der Wind peitscht den Ozean in die Felsenhöhlen von **Le Souffleur** auf halber Strecke nach Etang-Salé-les-Bains und lässt ihn zu pfeifenden Fontänen hochschießen. Kein Riff schützt die Küste hier im Südwesten, und das hat schon manch unvorsichtigen Klippenkletterer das Leben gekostet.

Hotel

Iloha
Pointe des Châteaux, St-Leu
Tel. 02 62 34 89 89
www.iloha.fr
Komfortable Bungalows und Zimmer mit Blick auf die Bucht; Pool. Spezialität des Restaurants: Fischgerichte. ●●

Etang-Salé-les-Bains 🔟

Vor dem hübschen, lang gestreckten Badeort beginnt ein **langer dunkler Sandstrand,** an dessen Südende man weitgehend gefahrlos ins Wasser gehen kann. Hier befindet sich auch ein Wasserpark mit Rutschen, den Kinder und Jugendliche besonders schätzen (Akoatys, Tel. 06 92 02 41 00, www.akoatys.com).

Im Ortsteil Etang-Salé-les-Hauts hat eine **Krokodilfarm** ihre Zelte aufgeschlagen, wo aus Madagaskar importierte Nilkrokodile, Enten und Pfaue gehalten werden. Angeschlossen sind ein Modelldorf mit Rathaus, Post, Kirche, Laden und Snackbar sowie eine Reitbahn und Minigolfanlage (Croc Parc, 1, route forestière, tgl. 9.30 bis 17.30 Uhr, Fütterung Mi und So um 16 Uhr, Tel. 02 62 91 40 41).

Hotel

Le Floralys Caro Beach
2, avenue de l'Océan
Tel. 02 62 91 79 79
www.carobeach.com
52 freundliche Zimmer in 12 Bungalows rund um einen großen Pool, 150 m vom Strand, mit dazugehörigem Wasserpark und Restaurant. ●●

Restaurant

L'Eté Indien
Tel. 02 62 26 67 33
Kreolische und französische Küche, gutes Eis. ●

Ausflug nach La Fenêtre

Dieser Aussichtspunkt in den Höhen des Ortes **Les Makes**  gewährt einen fantastischen Blick über den Cirque de Cilaos › S. 120, seine tiefen Täler und bizarren vulkanischen Felsformationen. Von St-Louis fährt man zunächst in Richtung Les Makes und folgt dann den Schildern nach **La Fenêtre;** die Straße endet bei einem Parkplatz. Es empfiehlt sich, frühmorgens (und nur bei gutem, wolkenlosem Wetter) zu starten, die Sicht ist meist zwischen 8 und 9 Uhr am besten. Auf der Rückfahrt lohnt ein Abstecher zur auf 1000 m Höhe gelegenen Sternwarte **Observatoire Astronomique** in Les Makes, welche Mo–Fr von 9–12 und von 14–17 Uhr geöffnet ist (Tel. 02 62 37 86 83, Reservierungen erbeten).

Le Souffleur

née **Accot** bestens aufgehoben (route de Bras-Sec, im Juni geschl.; Voranmeldung erbeten, Tel. 02 62 31 72 27).

Cilaos 🄬

Der Ort Cilaos ist bekannt für hübsche Stickereiarbeiten. Im **Maison de la Broderie** (4, rue des Ecoles, Tel. 02 62 31 77 48) werden junge Frauen in dieser Kunst ausgebildet. Hier kann man einigen von ihnen auch bei der Arbeit zuschauen oder eines der kleinen Werke kaufen. Das Museum **Chai de Cilaos** (43, rue des Glycines, Tel. 02 6 31 79 69) informiert über die Herstellung des Weins Vin de Cilaos und bietet auch Verköstigungen an. Wer sich eine Kur, ein angenehmes Thermalbad oder eine Massage gönnen möchte, ist im **Thermalzentrum Iré-**

Infos

Office de Tourisme
2 bis, rue Mac-Auliffe
www.ville-cilaos.fr
Tel. 02 62 31 71 71
Mo–Sa 8.30–12.30, 13.30–17.30 Uhr,
So und feiertags 9–12 Uhr.
Infos über Wanderwege, Reservierung von Hütten, Buchung von Aktivitäten...

Hotel

■ **La Case Nyala**
8, rue des Lianes
Tel. 02 62 31 89 57
www.case-nyala.com
Gasthaus im kreolischen Stil mit 5 charmanten Zimmern, auch für Selbstversorger geeignet. ●●

■ **Le Vieux Cep**
2, rue des Trois Mares
Tel. 02 62 31 71 89
www.levieuxcep.fr
Traditionshotel mit 45 gemütlichen Zimmern und Pool; Restaurant mit landestypischen Gerichten. ●●

La Réunion:
Der Osten und Süden

Nicht verpassen!

- Eine Wanderung am Piton de la Fournaise
- Ein Spaziergang durch Hell-Bourg
- Die Fahrt entlang der wilden Südküste
- Ein Tempelbesuch in St-André
- Die Primärwälder von Bébour und Bélouve

Zur Orientierung

Der Osten zählt zu den fruchtbarsten Teilen Réunions und wird intensiv für den Anbau von Zuckerrohr genutzt. Bis über 4 m hoch wachsen hier die braungrünen Stangen und sind als erste der Insel im Juni/Juli reif. Ebenso wie die hiesigen Küstengebiete viel mehr Regen als jene im Westen erhalten, ist auch der im Osten gelegene Cirque de Salazie der niederschlagreichste der drei Talkessel, mit vielen Wasserfällen, grün umrankten Steilwänden und viel Gemüseanbau. Mehrere sehenswerte Herrenhäuser und Gärten wie Le Grand Hazier, die Residenz eines der reichen Zuckerbarone aus dem 18. Jh. in Ste-Suzanne, oder die Villa Folio in Hell-Bourg stehen Besuchern offen. Die Küste präsentiert sich rau und wild; anstatt Sand werden hier große Vulkansteine von den Wellen umspült. Das Hochland verschwindet oft tagelang in Wolken, und so gedeihen hier dichte, geheimnisvolle Primärwälder voller Tamarinden, Orchideen, Moos und Baumfarne.

Im wilden, dem Wind ausgesetzten Südosten Réunions sind die Lebensbedingungen für Menschen, Tiere und Pflanzen rau, und die Natur leistet sich alle paar Jahre unberechenbare Eskapaden.

Das pittoreske Becken der Cascade de la Grande Ravine lohnt einen Abstecher

Bei einem Ausbruch des Piton de la Fournaise fließt die Lava mitunter bis ins Meer und lässt die Insel bisweilen um ein paar Quadratmeter wachsen. Doch was der Vulkan gibt, nimmt der Ozean bald wieder fort. Relativ unbehelligt vom Tourismus hat sich im tiefen Süden das ursprüngliche Réunion erhalten. Blumengeschmückte *Cases créoles* aus Wellblech stehen am Wegesrand, aus denen Séga-Klänge tönen, und in den Gärten wachsen Vanille und Bananen, Papayas, Litschis und Mangos in Hülle und Fülle.

Touren in der Region

In den ***Cirque de Salazie

🚌 ⑯ St-André › Salazie › Hell-Bourg › Wanderung zum Forêt de Bébour

Länge: 2 Tage
Praktische Hinweise: Nach der kurvenreichen Autofahrt vorbei an Wasserfällen und Steilwänden empfiehlt sich eine Übernachtung im schönen kreolischen Ort Hell-Bourg, sodass man früh am nächsten Morgen, bevor Wolken den Himmel verdecken, zu einer Wanderung aufbrechen kann. Regenschutz sollte dabei

jedoch nicht vergessen werden und gutes Schuhwerk ist ein Muss, denn im feuchtesten der Cirques sind die Wege rutschig und es regnet fast täglich.

Von **St-André** › S. 131 erreicht man den Talkessel von Salazie auf der D 48. Vorbei an Zuckerrohrplantagen geht es in die enge Schlucht der Rivière du Mât. Nach 20-minütiger Fahrt rückt der Piton des Neiges ins Blickfeld, bald darauf der kleine Ort **Salazie,** der von den hohen Türmen der katholischen Kirche Notre-Dame überragt wird. Kurz nach dem Ort breiten sich die Wasserläufe der eindrucksvollen **Cascades du Voile de la Mariée** wie ein Brautschleier auf den Felsen aus. Der ***Cirque de Salazie** ist mit einer Ausdehnung von 12 x 9 km der größte auf der Insel; er wird von zwei Stichstraßen erschlossen. Eine davon führt von Salazie zum 1100 m hoch gelegenen Luftkurort Hell-Bourg, der andere nach Grand Ilet, einem zerstreuten Bauerndorf, das wenig Interessantes zu bieten hat. Hier beginnt ein steiler Pfad auf den Berg Roche Ecrite (2277 m). Für Wanderungen in den ***Cirque de Mafate** fährt man auf der Straße noch etwas weiter bis zum Parkplatz Bord Martin bei Le Bélier. Ab hier geht es auf einem guten Wanderweg über den Col de Fourche (1942 m) bis La Nouvelle (Tagestour, dort Übernachtungsmöglichkeit), weitere Wege führen nach Marla.

***Hell-Bourg** bietet die reizvollere Variante; es ist ein ursprüngliches, ruhiges Bergdorf mit kreolischen Häusern und üppigen Gärten. Versäumen Sie nicht, die ==wunderschöne Villa Folio mit ihrem herrlichen Garten== Ech g zu besuchen. Hell-Bourg ist auch ein ausgezeichneter Startpunkt für ein- oder mehrtägige **Bergtouren.** Gut markierte Wege führen z. B. zum Piton d'Enchaing (1352 m), zum Piton des Neiges (3069 m) › S. 120 oder zum Forêt de Bélouve. Letztere Wanderung ist allein wegen der Aussicht über den Cirque und aufgrund der wunderschönen Vegetation sehr empfehlenswert. Der Weg beginnt im Ortskern und führt auf kleinen Pfaden zwischen Häusern hindurch und an einem mit riesigen Bambusstauden gesäumten Bach entlang bis zu einem Parkplatz. Ab hier erklimmt man in

Einen Besuch lohnt das Anwesen der Familie Folio

ca. 1,5 Std. die etwa 350 m hohe Cirquewand. Oben angekommen, stoßen Sie auf die urige Hütte **Gîte de Bélouve**, in der Sie auch nächtigen und auf Voranmeldung kreolisch speisen können.

Zu Seen, Wasserfällen und in den Urwald

—⑰— **St-Benoît › Grand Etang › La Plaine des Palmistes › Forêt de Bélouve › Trou de Fer**

Länge: 2 Tage
Praktische Hinweise: Es lohnt sich, am Beginn der Forststraße in die Wälder von Bébour und Bélouve das Auto stehen zu lassen und auf der wenig befahrenen Strecke mit dem Rad oder Mountainbike weiterzufahren. Immer wieder zweigen Wege in den Wald ab. Für die anspruchsvolle Wanderung zum Trou de Fer sind rutschfeste Sohlen und knöchelhohe Schuhe erforderlich, da es über Wurzeln und durch schlammiges Gelände geht. Man sollte nur bei gutem Wetter starten, da man sonst Gefahr läuft, an dem ohnehin nicht sehr gute Sicht bietenden Aussichtspunkt über das Trou de Fer in eine Nebelwand zu schauen.

Die Tour führt von **St-Benoît** ins grüne Herz der Insel auf die mit Jahrtausendealten Bäumen und Sträuchern bewachsene Hochebene, auf der sich ausgedehnte Primärwälder erstrecken. Auf ihrem Weg von der Küste nach Plaine

des Palmistes wird die Straße zunehmend schmaler und kurvenreicher. Nach etwa 6 km weisen Schilder zum **Grand Etang,** einem sumpfigen Süßwassersee in einem tiefen Tal; Mückenschutz zahlt sich hier aus. Ein schlüpfriger Weg führt um den See herum, der dank seiner Ruhe und Abgeschiedenheit ein wenig verwunschen wirkt. Zurück auf der Hauptquerverbindung über die Insel erklimmt die Straße nun in zahllosen Serpentinen die Hochebene und man gelangt in den Ort **Plaine des Palmistes.** Er wirkt recht ausgestorben; die Pflanzen ranken sich in solcher Windeseile die Wände der Häuser hinauf, dass der Eindruck entsteht, als wären sie unbewohnt. La Plaine des Palmistes galt schon im 19. Jh. als beliebter Rückzugsort reicher Städter vor der Hitze der Küstengebiete, und auch heute noch befinden sich hier viele Wochenendresidenzen. Die Route forestière Nr. 2 in Richtung La Petite Plaine führt über den **Col de Bébour** (1411 m) in den **Forêt de Bélouve,** ein riesiges Waldgebiet, an dessen Abbruchkante zum Cirque de Salazie › S. 128 sich eine einsame Berghütte befindet. Die Autopiste wird von freitags 12 Uhr bis montags 7 Uhr sowie an Feiertagen rund 2 km vor der Berghütte gesperrt. Dann geht man etwa 20 Minuten bis zur Hütte und 10 Minuten zum Aussichtspunkt. Die Strecke ist auch für Radtouren sehr geeignet.

Zu empfehlen ist die mittelschwere Wanderung (ca. 4 Std.

für Hin- und Rückweg) auf einem feucht-rutschigen **Wanderpfad zum wasserfallgesäumten Talkessel Trou de Fer.** Der Weg zweigt rechts von der Straße zwischen Wochenend-Parkplatz und Berghütte ab. Hier wachsen Tamarinden und die schönsten Baumfarne; auch der Réunionschmätzer *(Tec Tec),* ein Sperlingsvogel, kann in diesem wilden Inselteil gesichtet werden.

Fahrt zur Mondlandschaft rund um den ***Piton de la Fournaise

─18─ St-Pierre › Le Tampon › Bourg-Murat › Plaine des Sables › Piton de la Fournaise

Länge: 1 Tag mit Wanderung
Praktische Hinweise: Bei gutem Wetter sollte man sich schon frühmorgens von St-Pierre auf den Weg machen, um den Vulkan möglichst wolkenfrei zu erleben. Wer zum Krater des Piton de la Fournaise wandern möchte, kann sich an der Straße zum Vulkan eine Bleibe suchen und von dort am nächsten Morgen starten. Proviant, Getränke und ein Sonnen- und Regenschutz sind für Wanderungen im Vulkangebiet ebenso unerlässlich wie feste Schuhe. Von den weißen Markierungen am Boden entfernt man sich besser nicht, denn Wetterumschwünge können in kürzester Zeit die Sicht stark beeinträchtigen und eine Orientierung unmöglich machen.

Die Tour führt zum letzten aktiven Vulkan der Insel, dem Piton de la Fournaise, der nach einer längeren Ruhepause seit 1998 mehrfach im Jahr Lava spuckt. Unterwegs durchfahren Sie **Le Tampon,** eine 1725 gegründete Gemeinde mit alten kreolischen Villen. Die kleineren Ortschaften beiderseits der Nationalstraße N 3 sind entsprechend der Entfernung von St-Pierre nur mit Kilometerangaben benannt. Es geht stetig in Kurven bergan durch kleine Siedlungen bis in den Ort **Bourg-Murat,** wo die 30 km lange **Route du Volcan** abzweigt. Wer sich über das Thema Vulkanismus und die Entstehung der Insel Réunion informieren möchte, sollte hier unbedingt das **Maison du Volcan › S. 120** besuchen. Bisher haben die vielen Ausbrüche des Feuerbergs keine Menschenleben gefordert; das dichte Netz der Seismografen soll dies auch weiterhin gewährleisten. Mit steigender Höhe geht die Berglandschaft mit Weiden, Nadelbäumen und Heidekraut an der ***Plaine des Sables** abrupt in eine kahle, raue Mondlandschaft über. Am Aussichtspunkt **Nez de Bœuf** öffnet sich tief unten das Flusstal der Rivière des Remparts. Die Fahrt endet nach einer schlechten Wegstrecke am Parkplatz **Pas de Bellecombe.** Hier steht Wanderern eine Hütte (Tel. 02 62 21 28 96) für eine Übernachtung zur Verfügung.

Von der Aussichtsplattform präsentiert sich der einmalige Blick in die **Caldera Enclos Fouqué** – ein riesiger Krater von

14 km Durchmesser voller erstarrter Lavaströme und aufgeworfener Kraterränder unterschiedlichsten Alters. Durch diese urzeitlich anmutende Landschaft konnte man bis April 2007 zum Hauptkrater des *****Piton de la Fournaise** (2510 m) wandern, nach bedeutenden Einstürzen im Bereich des Hauptkraters ist jedoch immer wieder in Teilen der Weg gesperrt. Der steile Fußweg führt in Serpentinen hinab in die Caldera zum kleinen Krater Formica Léo (45 Min.). Nächstes Ziel ist die Höhle Chapelle de Rosemont, der Abschnitt, der ab hier zu den Kratern Bory und Dolomieu führt, ist je nach seismographischen Aktivitäten ge-

Der kleine Krater Formica Leo

sperrt. Aber auch ohne Bezwingung des Gipfels wird man bei schönem Wetter herrliche Ausblicke über die verschiedenfarbige Lava in unterschiedlichsten Formen genießen.

Unterwegs im Osten und Süden

St-André 13

Die Stadt im Osten der Insel war schon immer eine Hochburg der Zuckerindustrie. Im 19. Jh. kamen deshalb viele indische Arbeiter hierher, die immer noch den Großteil der Bevölkerung stellen. Es gibt mehrere farbenprächtige Tempel, in denen viele indische Feste gefeiert werden. Im Ortsteil Bois Rouge steht eine der letzten zwei aktiven Zuckerrohr-Produktionseinheiten der Insel, die **Sucrerie Bois Rouge.** Die Anlage kann nach Voranmeldung besichtigt werden (Tel. 02 62 58 59 74, Führungen nur in französischer

Sprache); in einem Laden werden die hier erzeugten Rumsorten und Zuckerprodukte verkauft. **Le Colosse,** einer der schönsten und größten tamilischen Tempel der Insel, liegt außerhalb der Stadt direkt an der Küste. Leider ist Touristen der Zutritt zu den Innenräumen nicht gestattet. Hingegen finden im frisch renovierten, bunten **Temple du Petit Bazar** im Stadtzentrum Führungen in französischer Sprache statt (Tel. 06 92 67 47 25; Anmeldung erforderlich).

In der Nähe des Colosse liegt der beliebte Vergnügungspark **Parc du Colosse** mit Picknickplätzen im Schatten, Spielplatz und Wasserrutschen. Im historischen Herrenhaus **Maison Valliamee,** das im Rahmen von Führungen besichtigt werden kann, befindet sich auch das Fremdenverkehrsamt **Office de tourisme de Saint André** (1590, chemin du Centre, Tel. 02 62 46 91 63, Mo bis Sa 9 bis 17 Uhr).

Bras Panon 14

11 Seit der Entdeckung der künstlichen Befruchtung der Vanillepflanzen 1841 gehören die duftenden Schoten zu den wichtigsten Exportgütern von Réunion. Gleich am südlichen Ortsrand von Bras Panon und an der Schnellstraße weisen Schilder auf die **Coopérative de Vanille** hin. Interessierte erfahren hier u. a. mittels Video alles Wissenswerte über Wachstum, Ernte und

Der tamilische Tempel Le Colosse bei St-André liegt an der Küste

Verarbeitung der Vanille (Tel. 02 62 51 70 12; Mo–Sa und feiertags 8.30–12, 14–17 Uhr). Das Restaurant **Vani-La** serviert Köstlichkeiten aus der Region rund um die Vanille (Tel. 02 62 51 56 58, Sa/So geschl., sonst nur Mittagessen; ●●). **Essig**

12 Blaue Schilder weisen zu den tiefblauen Becken Bassin de la Paix und Bassin de la Mer, in die aus Gebirgsbächen gespeiste Wasserfälle stürzen. Die Straße endet nach etwa 2 km an einem Parkplatz oberhalb des **Bassin de la Paix.** Der Weg zum Ufer des Beckens ist leider gesperrt, jedoch lohnt schon allein der Blick darauf – vor allem von der Brücke über das Flüsschen. Vom ersten Bassin führt eine herrliche **Wanderung** durch sanft ansteigendes Gelände entlang dem Flüsschen Rivière des Roches zum **Bassin de la Mer,** dessen kristallklares Wasser nach steilem Abstieg zum Ufer eine herrliche Erfrischung bietet. Da der Weg teilweise durch sumpfiges Gelände führt, wählen Sie am besten festes Schuhwerk – und vergessen Sie die Badesachen nicht!

St-Benoît 15

Die moderne Stadt St-Benoît wirkt nach einem Großfeuer 1950 gesichtslos. Vom traditionellen Zuckerrohranbau dieser Region zeugen noch die Schlote alter Zuckerfabriken. Südlich von St-Benoît liegt der kleine Ort **Ste-Anne 16**. In seinem Zentrum errichtete von 1922 bis 1940 der elsässische Priester Domberger eine imposante Kirche, deren Fassade und Innenraum reich mit Figuren und bunten Ornamenten dekoriert sind. Sie diente als Kulisse für eine Szene des Films »Das Geheimnis der falschen Braut«, den der französische Regisseur François Truffaut 1968 mit Cathérine Deneuve und Jean Paul Belmondo auf Réunion drehte. Neben der Kirche befindet sich ein gutes Andenkengeschäft, welches viel lokales Kunsthandwerk anbietet.

Notre-Dame-des-Laves in Ste-Rose

Ste-Rose 17

Auf dem Weg nach Ste-Rose überquert man den Fluss Rivière de l'Est, der sich durch eine imposante Schlucht zum Meer windet. Die mit 110 m einst längste Hängebrücke der Welt *(pont suspendu)* über das tiefe Flusstal entwarf 1894 das Architekturbüro Eiffel. Sie ist heute Fußgängern vorbehalten, der Verkehr führt über die parallel verlaufende neue Brücke. In Ste-Rose lohnt ein kurzer Abstecher zur Marina, an der Fischer unter abenteuerlichen Bedingungen aufs Meer hinausfahren. Selbst der Bau eines kleinen

Das Wunder von Piton Ste-Rose

Glühende Lava floss 1977 vom Piton de la Fournaise auf den Ort und seine Kirche Notre-Dame zu. Die Häuser wurden geräumt, und alle bangten: Wen wird es diesmal treffen? Wie durch ein Wunder teilte sich der Strom vor dem Gotteshaus, die Lava floss um den Bau herum und nur wenig drang ins Innere ein. Der Altar blieb verschont – das nahe gelegene Gebäude der Gendarmerie übrigens ebenfalls. Ein Zufall? Daran mag hier keiner glauben; seither heißt die Kirche Notre-Dame-des-Laves.

schützenden Hafenbeckens konn-te die Macht des Meeres nicht brechen. In dem verträumten Städtchen **Piton Ste-Rose** 18 mit seinen alten kreolischen Häus-chen steht die Kirche ***Notre-Da-me-des-Laves**, die bei dem Vul-kanausbruch von 1977 verschont blieb (❯ S. 133).

Ausflug zur **Anse des Cascades 19

Ein paar Kilometer südlich von Ste-Rose bilden die Wasserfälle und das Pinienwäldchen an der Anse des Cascades ein beliebtes Ausflugsziel. In der Bucht treffen sich gegen 10 Uhr die Fischer und verkaufen ihren frischen Fang; am Wochenende ist hier kaum noch ein Schattenplätzchen frei und die

Erkaltete Lavaströme an der Pointe de la Table

Parkplätze sind überfüllt. Die hal-be Bevölkerung des Südens scheint sich hier zum Picknick zu treffen – ein lohnendes Ziel für alle, die kreolische Lebensart ein-mal hautnah erleben möchten.

St-Philippe 20

Hinter **Bois Blanc** auf dem Weg nach St-Philippe bestimmen die Lavaströme des Piton de la Four-naise das Landschaftsbild. Wäh-rend Wind und Meer bereits am Lavagestein nagen, erkennt man deutlich die Spuren der Vulkan-ausbrüche von 2003 und vom Fe-bruar 2005 gleich bei der Einfahrt in den Kraterbereich. Eine bis zu 3 m hohe Lavaschicht bedeckt die ehemalige Küstenstraße und den Platz, an dem einst die viel foto-grafierte Statue der Vierge au Pa-rasol (Jungfrau mit dem Sonnen-schirm) stand, die die Menschen vor dem Vulkan behüten sollte…
An der südlichen Abbruchkante des Kraterbereichs, kurz vor der Ortschaft Tremblet, flossen erst im April 2007 riesige Lavaströme ins Meer, die Küstenstraße war damals monatelang gesperrt. Bei einem kurzen Abstecher zum Meer kann man an der **Pointe de la Table** die Gewalt der Ausbrü-che von 1986, 2003 und 2005 er-ahnen, die Réunion um ca. 25 ha vergrößerten.

St-Philippe ist eine kleine Stadt inmitten üppiger Vegetation. Ein kurviger Weg zweigt 2 km südlich von St-Philippe bei Mare Longue nach Norden ab; er führt in das Naturreservat **Réserve Nationale** de Mare-Longue 21 mit Vacoas, Ebenholzbäumen, Riesenfarnen und Orchideen. Zum Naturreservat gehört der ca. 3 ha große *Jardin des Parfums et des Epices, in dem eine Führung auch ohne Französischkenntnisse Spaß macht, da die Wohlgerüche der Pflanzen oft Erklärung genug sind. Kardamom, Gewürznelken, Muskatnuss, Zitronengras, Vétiver und Vanille, Litschibäume und Palmiste Rouge, deren Mark zum Millionärssalat verarbeitet wird, lernt man in ihrer natürlichen Umgebung kennen. Aus Kurkumawurzeln wird ein gelbes Gewürz gewonnen, das als Ersatz für Safran dient (der echte Safran stammt von den Blütennarben einer Krokusart und ist rot); an unscheinbaren Büschen wächst schwarzer und grüner Pfeffer (Führungen, Anmeldung am Vortag, Tel. 02 62 37 06 36). Der wildeste Küstenabschnitt der Insel reicht bis nach **St-Joseph,** wo der Ozean mit hoch aufschäumender Gischt auf die schroffen Lavabrocken schlägt. Von der Küstenstraße gewinnt man einen guten Eindruck von dieser wildromantischen Landschaft.

Hotel

Le Baril
RN 2, St-Philippe
Tel. 02 62 37 01 04
Fax 02 62 37 07 62
Kleines Hotel mit 12 einfachen Zimmern in hinreißend schöner Lage an der Steilküste, Schwimmen nur im Pool möglich. Mountainbikeverleih, Restaurant mit kreolischer Küche. ●●

Restaurant

L'Etoile de Mer
Basse-Vallée
Tel. 02 62 37 04 60
Ausflugslokal mit kreolischer und chinesischer Küche, Di geschl. ●●

St-Joseph 22

Das Provinzstädtchen St-Joseph an der Mündung der Rivière des Remparts hat sich mit Flechtarbeiten aus den Blättern der Vacoapalme (Schraubenbaum) einen Namen gemacht: Taschen, Hüte und Matten, die in Souvenirläden zum Verkauf stehen. Im Hinterland gedeihen Gewürze, Geranien und die Duftpflanze Vétiver, deren zu Büscheln gebundene Wurzeln als Duftspender in den Küchen der Einheimischen hängen. In der **Maison du Curcuma** führt Familie Rivière Besucher in die Herstellung des Gewürzes Kurkuma ein und verrät, wie der schmackhafte Gelbwurz in der heimischen Küche verwendet wird (14, chemin du Rond, Plaine des Grègues, Tel. 02 62 37 54 66, tgl. 9–12, 13.30–17 Uhr).

Ausflug zur Cascade de la Grande Ravine 23

Drei Kilometer östlich von St-Joseph an der Bushaltestelle von **La Balance** zweigt die schmale Straße nach Norden ins Tal der Rivière Langevin ab. Entlang der Strecke (15 km) liegen wunderschöne Picknickplätze direkt am Ufer des Langevin, dessen klares Wasser zu einem Bad verlockt. Inmitten einer beeindruckenden Berglandschaft rauschen beim Ort Grand Galet Wasserfälle in ein Bassin, in dem man jedoch nicht schwimmen kann.

Grande Anse 24

 Der **weiße Sandstrand von Grande Anse** könnte von einer Postkarte stammen, er liegt idyllisch zwischen wilden Felsen und den Ruinen eines alten Kalkofens eingebettet. Doch leider kann man hier nicht im offenen Meer baden, sondern sich nur in einem kleinen, künstlich angelegten Meeresbecken erfrischen. Vom Hügel Piton Grande Anse an der Straße, die zur Bucht führt, hat man einen schönen Blick auf die Bucht und die Weite des Ozeans; ein kleiner Weg führt um den Felsen.

Hotel

Palm Hotel & Spa
Grande Anse
Tel. 02 62 56 30 30
www.palm.re
Das neueste Boutiquehotel der Insel bietet sehr schöne Zimmer, guten Service, **hervorragendes Essen** sowie einen professionellen Spa. ●●●

St-Pierre 25

Die ehemals wichtige Hafenstadt besitzt noch viele gut erhaltene kreolische Häuser. Das historische **Rathaus** diente einst der Ostindien-Kompanie als Kaffeespeicher. Der **Samstagmarkt** auf der Küstenstraße ist das frühe Aufstehen wert. Ab 7 Uhr verkaufen die Bauern alles, was Garten, Feld

und Stall hergeben. Neben Fleisch, Geflügel und Fisch umfasst das Angebot auch Kunsthandwerkliches wie Körbe und Schmuck.

Die nahen Gotteshäuser zeugen von der unterschiedlichen Herkunft der Einwohner, allen voran die **Atjaboul-Massajid-Moschee** in der Rue François-de-Mahy. Als Fremder darf man einen Blick in den Innenraum werfen. In derselben Straße treffen sich die Chinesen in der **Guan-Di-Pagode.** Der neue tamilische Tempel **Narassingua Péroumal de Ravine Blanche** in der Rue Mahatma Gandhi am Stadtrand, dessen ockerfarben und ziegelrot bemalter Turm den Weg weist, ist wegen seiner Farbenpracht und des Figurenreichtums beeindruckend.

Auf dem **Alten Friedhof** am Boulevard Hubert-Delisle fällt ein Grab ins Auge, auf dem mit Rum gefüllte Gläser und Kerzen stehen. Hier wurde der berühmt-berüchtigte Raubmörder Sitarane beigesetzt. Vor seiner Hinrichtung 1911 nach seinem letzten Wunsch befragt, soll der Madagasse geäußert haben: »Ich hätte gern noch ein paar Menschen mehr umgebracht.« Einige Einheimische halten wohl an seinen Worten fest und erbitten mit irdischen Opfergaben seine Hilfe bei Problemen mit persönlichen Feinden.

6 km westlich von St-Pierre, an der D 26 Richtung Entre-Deux, liegt die kuriose Gartenanlage **Exotica 26** mit mehr als 5000 verschiedenen Gewächsen. Die Pfade säumen Kakteen und Dinosaurier, Drachen und Riesenfrösche

aus Pappmaschee. In einem Treib-
haus sind Anthurien und Orchideen zu sehen (Tel. 02 62 35 65 45,
Di–So 9–12, 13.30– 17 Uhr).

Info

Office de Tourisme
26, rue Amiral Lacaze
Terre Sainte
Tel. 02 62 25 02 36
Fax 02 62 25 82 76
www.sudreunion.com
Geöffnet Mo–Fr 9–16.45,
Sa 9–15.45 Uhr.

Hotels

■ **L'Océan Maloya**
10, allée de Lataniers
Grand-Bois
Tel. 02 62 31 11 60
www.oceanmaloya.com
Bungalows und Zimmer mit Meerblick
in herrlicher Lage etwas außerhalb
von St-Pierre. ●●

■ **Le Sterne Beach**
42, bd Hubert-Delisle
Tel. 02 62 25 70 00
www.lesterne.com
Jüngst renoviertes Hotel an der belebten Uferpromenade mit 50 geräumigen Zimmern. Bar, Kasino,
Schwimmbad. ●●

■ **Alizé Plage**
bd Hubert-Delisle
Tel. 02 62 35 22 21
www.ilereunion.com/alizeplage
Komfortables Strandhotel mit beliebter
Bar und Restaurant, ab und zu Livemusik. ●–●●

Restaurants

■ **Le Flamboyant**
11, rue Désiré-Barquisseau
Tel. 02 62 35 02 15

Das Grab des Raubmörders Sitarane

Exzellente französische und kreolische
Spezialitäten. ●●–●●●

■ **Chez Payet**
4, rue Mahatma-Gandhi
Tel. 02 62 25 23 65
Serviert kreolische Gerichte;
Mo geschl. ●●

■ **Le Retro**
34, bd Hubert-Delisle
Tel. 02 62 25 33 06
Leckere französische und kreolische
Küche an der Uferpromenade. ●●

Nightlife

■ **Casino du Sud**
42, bd Hubert-Delisle
Tel. 02 62 25 26 96
Spieltische und -automaten;
tgl. 22–2 bzw. 3 Uhr.

■ **Le Chapiteau**
Mont-Vert-les-Bas, ca. 15 km
außerhalb von St-Pierre
Tel. 02 62 31 00 81
Eintauchen ins Nachtleben; In-Disco
mit mehreren Tanzsälen in einem kleinen Ort im Hinterland. Fr/Sa ab 21 Uhr.

■ **Malone's Cherrywood Saloon**
36, bd Hubert-Delisle
Tel. 02 62 25 02 22
Südafrikanischer Pub; So geschl.

137

Infos von A–Z

Ärztliche Versorgung

Für beide Ziele ist der Abschluss einer Auslandskrankenversicherung, die einen medizinisch sinnvollen Rücktransport einschließt, ratsam.

Mauritius: Eine Behandlung in den staatlichen Krankenhäusern (Port Louis, Curepipe, Quatre Bornes) ist kostenlos, der Standard entspricht jedoch nicht europäischen Verhältnissen. Die Behandlung in gut ausgestatteten privaten Kliniken und Arztpraxen muss bar bezahlt werden. Für Tauchunfälle steht eine Dekompressionskammer zur Verfügung: **Special Mobile Force,** Tel. 686-1011.

Réunion: Das Netz von Apotheken, Ärzten und Krankenhäusern ist dicht, die Versorgung kann sich mit westeuropäischem Standard messen.

Devisenbestimmungen

Mauritius: Fremd- und Landeswährung dürfen in jeder Form (Schecks oder Bargeld) unbegrenzt eingeführt werden.

Réunion: Ein- und Ausfuhr von Fremdwährungen ist unbeschränkt. Beträge über 21 000 € sind zu deklarieren.

Diplomatische Vertretungen
Mauritius:

■ **Deutsches Honorargeneralkonsulat:** 32 bis, rue Saint Georges, Port Louis, Tel. 212-4100, 253-5701, Fax 211-4111

■ **Österreichisches Honorarkonsulat:** Rogers House, 5, John Kennedy St., Port Louis, Tel. 211-6801, Fax 208-5045, lysiane.coutanceau@rogers.mu

■ **Schweizer Generalkonsulat:** 2, Jules Koenig St., Port Louis, Tel. 208-8763, Fax 208-8850, swiss.consul@intnet.mu

Réunion:

■ **Deutsches Honorarkonsulat:** 9 c, rue de Lorraine, St-Denis, Tel. 02 62 21 62 06, Fax 02 62 21 74 55

■ **Österreich:** Botschaft in Paris, Tel. 01 40 63 30 90, Fax 01 45 55 63 65 (ohne internationale Vorwahl), paris-ob@bmaa.gv.at

■ **Konsulat der Schweiz:** 107, chemin Crève Cœur, St-Paul, Tel./Fax 02 62 45 55 74

Einreise

Mauritius: Reisende aus Deutschland, Österreich und der Schweiz benötigen bei einem Aufenthalt bis zu drei Monaten einen bei Ankunft noch 6 Monate gültigen Reisepass sowie ein Rückflugticket. Kinder brauchen einen Kinderausweis (ab 6 Jahren mit Foto).

Réunion: EU-Bürger und Schweizer benötigen für einen Ferienaufenthalt einen gültigen Personalausweis oder Reisepass.

Elektrizität

Auf Mauritius und Réunion 220 Volt. Adapter sind überall erhältlich.

Feiertage

Mauritius: 1. und 2. Januar (Neujahr), 1. Februar (Abschaffung der Sklaverei), 12. März (Tag der Unabhängigkeit), 1. Mai (Tag der Arbeit), 15. August (Mariä Himmelfahrt), 2. November (Ankunft der ersten indischen Immigranten), 25. Dezember (Weihnachten).

Réunion: 1. Januar (Neujahr), Ostermontag, Pfingstmontag (offiziell abgeschafft), 1. Mai (Tag der Arbeit), 8. Mai (Kriegsende 1945), Christi Himmelfahrt, 14. Juli (Nationalfeiertag), 15. August (Mariä Himmelfahrt), 1. November (Allerheiligen), 11. November (Waffenstillstand 1918), 20. Dezember (Tag der Sklavenbefreiung), 25. Dezember (Weihnachten).

Geld und Währung

Mauritius: Landeswährung ist die Rupie (Rs), unterteilt in 100 Cents (Cs). Aus Sicherheitsgründen ist die Mitnahme von Reiseschecks (Euro) zu empfehlen. Kreditkarten werden in größeren Geschäften, Restaurants und Hotels akzeptiert.
Réunion: Landeswährung ist der Euro. Reiseschecks in Euro werden überall eingelöst. Die Bezahlung mit Kreditkarten ist weit verbreitet. An Geldautomaten kann man mit der EC/Maestro-Karte, Master Card, der Visa- oder Cirrus-Karte Geld abheben.

Gesundheit

Besondere Impfungen sind für weder für Mauritius noch Réunion erforderlich, es sei denn, man reist aus einem Infektionsgebiet ein. Empfohlen werden Impfungen gegen Tetanus, Polio und Hepatitis A. Auf Mauritius besteht ein sehr geringes Malariarisiko. Das Leitungswasser hat Trinkwasserqualität. Schützen sollte man sich neben der hohen Sonneneinstrahlung vor allem vor Insektenstichen: Seit 2005 kommt auf beiden Inseln das Chikungunya-Fieber vor, eine Art entzündliche Arthrose, die nur von Mücken übertragen wird. Es empfiehlt sich daher, regelmäßig Insektenschutzmittel zu verwenden und in den Morgen- und Abendstunden helle Kleidung (lange Hosen und Hemden mit langen Ärmeln) zu tragen. Wer auf Nummer sicher gehen möchte, schläft unter einem Moskitonetz und aktiviert die Klimaanlage, da diese Mücken fernhält. Ab Höhenlagen von 600–700 m ist die Übertragermücke nicht mehr anzutreffen.

Information

■ **In Deutschland:**
Mauritius Tourism Promotion Authority, c/o Aviareps Mangum, Sonnenstr. 9, 80331 München, Tel. 089/23 66 21-834, mauritius@aviareps.com, www.my-mauritius.de
Fremdenverkehrsbüro Réunion, c/o Atout France, Postfach 100128, 60001 Frankfurt/M., Tel. 069/ 97 59 04 94, insel-la-reunion@franceguide.com, www.insel-la-reunion.info
■ **In der Schweiz:**
Mauritius Tourism Information Service, Kirchenweg 5, 8032 Zürich, Tel. 044/3 88 41 00, info@prw.ch, auch für Anfragen aus Österreich.
Atout France, Postfach 3376, 8021 Zürich, Tel. 044 217 46 00, info.ch@franceguide.com
■ **In Österreich:**
Atout France, Lugeck 1–2, Stiege 1, Top 7, 1010 Wien, Tel. 09 00/25 00 15 (0,68 €/Min.), info.at@franceguide.com
■ **Auf Mauritius:**
Mauritius Tourism Promotion Authority (MTPA), Victoria House, St. Louis Street, Port Louis, Tel. 0 02 30/210-1545, Fax 212-5142, mtpa@intnet.mu
■ **Auf Réunion:**
helfen die örtlichen Fremdenverkehrsbüros.

Kleidung

Nehmen Sie nach **Mauritius** leichte atmungsaktive Kleidung und für den Abend eine warme Jacke mit. In großen Hotels ist am Abend angemessene Kleidung erwünscht. Nacktbaden und »oben ohne« sind verpönt.
Für **Réunion** sollte man zusätzlich auch warme Kleidung sowie feste Schuhe einpacken. »Oben ohne« wird an den öffentlichen Stränden akzeptiert.

Notruf

■ **Mauritius:** Feuerwehr: Tel. 995, Polizei, Krankenwagen: Tel. 999
■ **Réunion:** Polizei: Tel. 17, Feuerwehr: Tel. 18, Medizinische Hilfe: Tel. 15

Öffnungszeiten

Mauritius: Geschäfte Mo–Fr 9–17, Sa 9–12 Uhr, in Curepipe Do nachmittags geschl.; Behörden Mo–Fr 9–16, Sa 9 bis 12 Uhr; Banken Mo–Fr 9–15.30, Sa 9–12 Uhr, Märkte Mo–Sa 6–18, So 6–12 Uhr.

Réunion: Geschäfte Mo–Sa 8.30–12, 14.30–18 Uhr; Banken Mo–Fr 8–16 Uhr; Behörden Mo–Fr 8–12, 14–18 Uhr.

Post / Internet

Mauritius: Die Hauptpost, Quai Street, Port Louis, ist Mo–Fr 8.15–11.15, 12 bis 16 Uhr, Sa 8.15–11.45 Uhr geöffnet. Viele Hotels bieten einen Internetzugang an.

Réunion: Das Hauptpostamt (PTT, 60, rue Maréchal-Leclerc, St-Denis) ist Mo bis Fr 8–12, 14–18 Uhr, Sa 8–12 Uhr geöffnet. Es gibt nur wenige Internetcafés in größeren Städten.

Telefon / Handy

Internationale Vorwahl für **Mauritius**: 0 02 30. Vorwahl nach Deutschland: 00 49, nach Österreich: 00 43, in die Schweiz 00 41. Die öffentlichen Fernsprecher werden mit Münzen oder mit einer Telefonkarte (erhältlich in Supermärkten oder bei der Post) bedient. Die Benutzung von Handys im Standard GSM 900 ist überall möglich.

Internationale Vorwahl für **Réunion**: 00 02 62. Vorwahl nach Deutschland: 00 49, nach Österreich: 00 43, in die Schweiz: 00 41. Die meisten öffentlichen Fernsprecher sind mit Kartentelefonen ausgestattet. Telefonkarten (*télécartes*) sind bei der Post oder in Geschäften erhältlich. Handys können in den Standards GSM 900/1800 problemlos benutzt werden.

Zeit

Die Uhren müssen für Mauritius im europäischen Winter um vier Stunden vorgestellt werden (MEZ + 4 Std.), für Réunion um drei Stunden, während der europäischen Sommerzeit von März bis Oktober in beiden Zielen um zwei Stunden.

Zollbestimmungen

Mauritius: Die Einfuhr von Betäubungsmitteln, Rohzucker, Waffen und Munition ist verboten. 200 Zigaretten, 50 Zigarren oder 250 g Tabak, 1 l Spirituosen, 4 l Wein und 0,1 l Parfüm dürfen zollfrei eingeführt werden. Bei Wiedereinreise ins Heimatland sind pro Person über 17 Jahre Geschenke bis zu einem Gesamtwert von 430 Euro bzw. 300 CHF zollfrei.

Réunion: Hier gelten die Zollbestimmungen der EU. Tiere und Pflanzen dürfen nur mit einer Sondergenehmigung eingeführt werden (außer Schnittblumen). Zollfrei erlaubt sind 200 Zigaretten, 250 g Tabak, 2 l Wein und 1 l Spirituosen. Ausgenommen sind Duty-free-Waren. Eingekaufte Waren bis 880 € dürfen ein- bzw. ausgeführt werden. Bei Wiedereinreise in die Schweiz sind pro Person über 15 Jahre 200 Zigaretten oder 50 Zigarren oder 250 g Tabak, 2 l Wein, 1 l Spirituosen mit mehr oder 2 l Alkoholika mit weniger als 22 % Alkohol, 500 g Kaffee, 100 g Tee, 50 g Parfüm und Geschenke bis zu einem Wert von 300 CHF zollfrei.

Urlaubskasse	Mauritius / Réunion
Tasse Kaffee	1 € / 1,20 €
Softdrink	0,70 € / 1,50 €
Glas Bier	1,20 € / 2 €
Samoussas / Sandwich mit Tunfisch	0,40 € / 3 €
Kugel Eis	0,40 € / 1,50 €
Taxifahrt ca. 10–12 km	4 € / 20 €
Mietwagen/Tag	50 € / 50 €

Register